U0033433

墨客
文化

墨客
文化

人生不氣餒

45個關鍵自信力，決定你的成功拼圖

CONTENTS 目錄

卷一 當沒有富爸爸時

「未來屬於那些相信他們美好夢想的人。」

——艾林諾・羅斯福

卷二 不要覺得自己不夠好

「重要的不是別人怎麼看你，而是你怎麼看自己。」

——普布里利亞・西魯斯

卷三 面對最真實的自己

「如果你對自己沒有信心，在人生的競賽裡你是二度被擊倒；有了信心，在開始前你已經勝利。」

——西塞羅（羅馬哲學家）

CONTENTS 目錄

卷四 找出特色，就能變成魅力

「不要活在別人的觀念中，要勇敢跟著自己的心意和感覺走。」

——賈伯斯

卷五 自我打氣「重開機」

「我們若一直為過去而糾纏不清，就有可能因此失去未來，何不讓過去的事過去，才能迎向未來」

——邱吉爾

卷六 面對挫折

「勇氣通往天堂，怯懦通往地獄。」

——塞內加

CONTENTS 目錄

卷七 爭氣，別人才會看得起你

「即使遭逢逆境，仍要奮勇向前；縱然世界分崩離析，也永不氣餒」

——艾科卡

卷八 不放手，直到夢想到手

「只要我們動手去做，事情就會好起來。」

——IKEA創辦人英格瓦．坎普拉

卷 1

當沒有富爸爸時

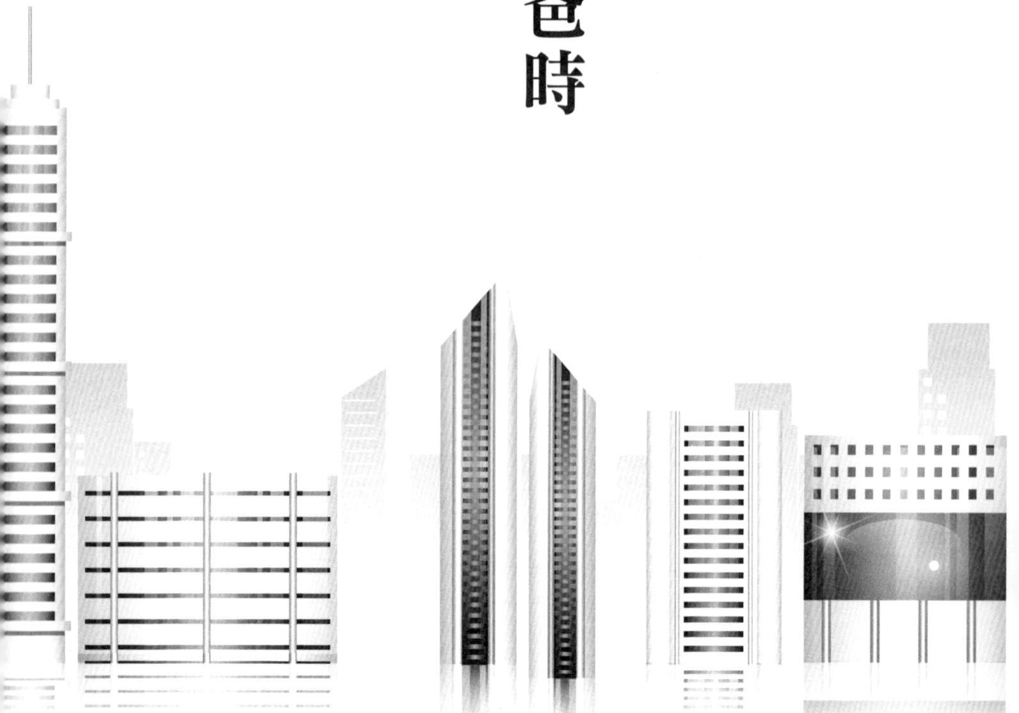

人生本來就不公平，
有人生來錦衣玉食、身型姣好；
有人卻是出身窮困、每天為三餐飽腹而煩惱。
不過，人生最重要的，不是你出生在哪裡？
或是站在什麼位置？
而是你決定朝什麼方向走。

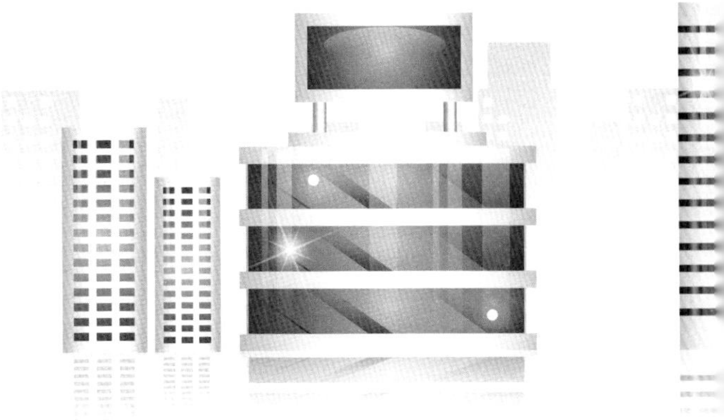

1 輸在起跑點，又何妨？

「人們不太看重自己的力量，這就是他們軟弱的原因。」

——斯賓諾莎（荷蘭哲學家）

在北京清華大學的學生餐廳裡，有位二十八歲的饅頭師傅小張，他受的教育不多，每天都得在學校餐廳裡做饅頭，辛苦工作十一個小時，但在休息時間，他自學英文，把握各種機會開口說英語，結果他的託福成績考了六百三十分。

小張說，他記得第一次開口說英語，是在幾個學生等著拿飯時，他就脫口而出：「Would you please wait for a while ? Thank you for your patience.」(請等一下好嗎？謝謝你的耐心。)小張這麼一說，在場的學生都大吃一驚——天哪，這個饅頭師傅竟然會說英語？

小張說，他有三個夢想：「一是出國唸書、二是寫書，三是當一名新聞記者。」如今，很多清大學生特別跑到餐廳，來一睹託福高手、會說英語的饅頭師傅；而小張也說：「我是一個敢於作夢的人！敢在賣飯視窗前大膽地說英語，就是對自己的最大挑戰！」

一個人「輸在起跑點」又何妨？人生的路很漫長，也會面臨許多壓力與挫折，但只要轉個念、換個角度來看，它反而能成為我們生命中的一種轉機！

即便是曾經一度讓我們難以承受的痛苦與磨難，也不會完全沒有價值，它能使思想與人格更趨成熟、更有能力去承擔一切。

所以，當困難和挫折來臨時，學習平靜及樂觀的面對，因為天無絕人之路，只要努力向前一定可以走出一條路來。

2 人生本來就不公平

「我只看我擁有的，不看我沒有的」

——海倫凱勒

人生本來就不公平，有人生來錦衣玉食、身型姣好；有人卻出身窮困、肢體殘障。但是處於弱勢的人，不能因此被打倒，更應該透過自己的努力，不向命運低頭，才能縮短不公平的差距。

拿破崙說：「當命運向你丟過來一把刀，你要抓住哪裡：刀口或刀柄？如果你抓住刀口，它會割傷你，甚至使你致死；但是如果你抓住刀柄，就可以用它打開一條大道。因此當遭遇重大磨難時，你必需抓住它的柄。」

在不幸面前，如果只是自怨自艾，而無法放下內心的傷痛，那麼你很可能會身陷泥沼而難以自拔。

▼苦難中開出燦爛生命之花

面對人生考驗時，一個意志頑強的人，可以克服惡劣環境和阻力。

生活裡隨時可能出現形形色色的障礙和困難。耳聾、失明、體弱多病……怎麼辦？自我憐憫只會讓你更加羞於見人。

耳聾不是真正的障礙！貝多芬很早便失去了聽覺，耳朵聾到聽不見一個音節的程度，但他仍為世界譜出了宏偉壯麗的《第九交響樂》。

湯瑪斯・愛迪生是聾子，他要聽到自己所發明的留聲機唱片聲音，只能用牙齒咬住留聲機盒子的邊緣，透過頭蓋骨骨頭受到震動，才能感覺出聲響。

失明不是真正的障礙！不屈不撓的美國科學家弗羅斯特教授奮鬥二十五年，硬是用數學方法推算出太空星群以及銀河系的活動、變化。

不過，他卻是個盲人，完全無法看見他終生熱愛的蔚藍天空。

如果，你常常覺得自己被老天爺所遺忘，那麼從這些人身上，你可以找得到勇氣，所以何不調整好心態──面對自己真實的人生，不論它是酸、甜、苦、辣，都無法阻擋前進的腳步。

3 貧困，是一所最好的大學

「每人心中都應有兩盞燈光，一盞是希望的燈光；一盞是勇氣的燈光。有了這兩盞燈，我們就不怕海上的黑暗和風浪的險惡。」——羅蘭

不要懼怕失敗，即使被踩到泥土中，我們也不能甘心變成泥土，而要成為破土而出的鮮花。

永遠不要失望，只要生命還在，即使在失敗的廢墟中依然可以長出希望之芽。

生命好比是一個廣大無邊的沙漠，如果努力在自己的沙漠上打一口深井，使水源

源不斷地流出，你就可以把沙漠變成綠洲。

生命的意義就在於不停地去追求兩個目標，

一、生命的廣度，

二、生命的深度。

廣度就是拓展生命的價值；追求深度則是把生命的價值提升。因為只要你想做事，逆境就是你的常態；如果不想做事，失敗就是你的常態。活著就是在起起伏伏中迎著風奮力向前走，成功就是不論你怎麼跌倒，還要再爬起來。

▼困苦中，字字雕琢出紅樓夢的不朽傳奇

俄國大文豪高爾基曾說過一句名言：「貧困是一所最好的大學，如果你能夠在這

裡修完所有的學分，在未來的人生，還有什麼不能超越與突破呢？」

曹雪芹生於官宦之家，自幼錦衣玉食，享受榮華富貴，後因家道中落，從天之驕子跌落凡間，過著一貧如洗的日子。當他一無所有，剩餘的是對昔日「飫甘饜肥」富貴生活的美好記憶，以及必需在世態炎涼，備嘗人情冷暖的夾縫中努力求生的辛酸苦澀。

一本流傳千古的「紅樓夢」，忠實地記錄著曹雪芹生命中曾經擁有的美好歲月。

在極度落魄潦倒中，他燃燒著生命中僅存的光與熱，耗費十年時光，書寫成足以傳頌千古的曠世名著──紅樓夢。

如果，曹雪芹的家道不曾中落，如果他依舊是家僕簇擁前行的貴公子，也許難以成就「紅樓夢」中令人時而讚嘆、時而讓人感同身受的一篇篇動人故事。

磨難，固然令人心碎；卻也使人成長。在生命的轉彎處，不輕易向命運低頭的決心，反能激發出無限潛力與勇氣，幫助人們再度攀越高峰。

▼困境面前學會堅強

有一則寓言故事：在一個暴風雨的夜晚，一株小樹苗在風雨中拼命的哭喊掙扎，可是大樹媽媽卻任它遭受風雨打擊。

等到風雨停歇，小樹苗委屈地問媽媽：「你不愛我了嗎？」樹媽媽輕輕撫摸著孩子的頭，意味深長地說：「暴風雨過後的夜晚將更加寂靜；暴風雨過後的空氣會愈加純淨；暴風雨過後的小草愈充滿生機；暴風雨過後的你會更加堅強。」

如果說，堅強是一棵常青的樹，那麼澆灌它的必定是持之以恆的意志。你不能因為遭遇一次風雨，就再也不相信陽光，每一次的創傷會讓你向前更進一步。人生最重要的，不是你站在什麼位置——榮譽、恥辱、貧窮、悲傷、歡樂……，而是你決定朝什麼方向走。

4 心態，決定生命的深度

「思想是自己的主宰，能把地獄變成天堂，天堂變成地獄。」

——John Milton

在一次討論會上，一位著名的演說家在正式開講前，手裡高舉著一張一百美元的鈔票。

面對會議中心裡的上千人，他問：「誰要這一百美元？」現場有人舉起手來。他接著說：「我打算把這一百美元送給你們中的一位，但在這之前，請准許我做一件事。」他說著將鈔票揉成一團，然後問：「誰還要？」仍有人舉起手來。

他又說：「那麼，假如我這樣做又會怎麼樣呢？」他把鈔票扔到地上，並且用腳踩踏它。然後他拾起鈔票，鈔票已變得又髒又皺。

「現在誰還要？」還是有人舉起手來。

「諸位現在你們已經上了一堂很有意義的課。無論我如何對待那張鈔票，你們還是想要它，因為它並沒貶值，它依舊值一百美元。人生路上，我們會無數次被逆境擊倒、欺凌甚至碾得粉身碎骨。我們覺得自己似乎一文不值。但無論發生什麼，或將要發生什麼，在上帝的眼中，你們永遠不會喪失價值。因為在祂看來，不論骯髒或潔淨，衣著整齊或零亂，每一個人都有其獨一無二的價值。」

心態，就是駕馭你的主人

有一則故事：有兩個囚犯，從獄中望窗外，一個看到的是遍地泥土，一個看到萬點星光。面對同樣的際遇，前者存著悲觀失望的灰色心態，放眼望去就是滿目蒼涼、了無生氣；至於後者則抱持著積極樂觀的心態，看到的自然是星光萬點，一片光明。

在現實生活中，我們不能控制自己的遭遇，卻可以決定自己的心態；我們不能改變別人，卻可以改變自己。其實，人與人之間並無太大區別，真正的區別在於心態。所以，一個人成功與否，主要取決於他的心態。

路是腳走出來的，歷史是人寫出來的，人的每一步行動都在書寫自己的歷史。

5 態度，決定人生飛行高度

「未來屬於那些相信他們美好夢想的人。」
——艾林諾·羅斯福

很少有夢想是可以輕易實現的。為了完成夢想，我們必須全力找出自己的才能盡情發揮；在追求夢想的路上，前方總有無數的挑戰等待被克服。此時你的心態，成為最終成敗關鍵。

美國西點軍校有一句名言：「態度決定一切」。沒有什麼事情做不好，關鍵在於你的態度；事情還沒有開始做，你就認為它不可能成功，那麼它當然不會成功；或者你不夠用心去做，這樣事情也不會有好的結果。

沒錯，一切歸結為態度，你對事情付出了多少，你對事情採取什麼樣的態度，就會有什麼樣的結果。

三個工人在砌一面牆。有一個好管閒事的人過來問：「你們在做什麼？」

第一個工人愛理不理地說：「沒看見嗎？我在砌牆。」

第二個工人抬頭看了一眼好管閒事的人說：「我們在蓋一幢樓房。」

第三個工人真誠而又自信地說：「我們在建一座城市。」

十年後，第一個人在另一個工地上砌牆；第二個人坐在辦公室裡畫圖，他成了一名工程師；第三個人呢，成為一家房地產公司的總裁，是前兩個人的老闆。

態度決定高度，僅僅十年的時間，三個人的命運就發生了截然不同的變化。

試想，如果連你都不看好自己，別人又憑什麼要相信你呢？

態度是一個人看世界的窗口，它會決定你人生飛行的高度。你或許無法拒絕下一件倒楣事上門，老是被否定、被懷疑；考不上理想的學校、想要進入的公司總是名額已滿、或是資格不符遭到拒絕，甚至連買個彩券還老是損龜，連小獎都沒中過……。我們經常被生命偷襲，你可以悲傷、難過，但之後要重新站起，這樣別人就可以看見你，並且向你走來。

卷 2

不要覺得自己不夠好

「假如你對自己沒有信心，
那麼還會有誰相信你呢？
所以，要有一種堅定的信仰；
讓它激勵你、振奮你、鼓舞你。
最後，你就會做回那個真正的你。」

——愛默生

6 先看得起自己，別人才會看得起你

「我一直有一個信念，我必須自己先看得起自己，這樣別人才會看得起我。」

——嚴長壽

功夫皇市李連杰在演出的電影「霍元甲」中，扮演中國一代武術宗師。劇中霍元甲年輕力盛，一心以打拳練氣，要打敗所有曾看不起、曾羞辱過他的人，他立志成為津門第一。霍母對他說：「習武不是為了要打贏別人，而是為了打贏自己。以力服人又如何？讓人尊敬才有意義。」

從另一個角度來看，老天爺其實有時候喜歡跟人開玩笑——當所有人都不看好你時，想要讓人打心底尊重你、喜歡你，首要的前提就是，你必需看得起自己才行。

▼樂觀者在困境中看到機會

只有上半身的美國「半身人」肯尼．伊斯特戴，一生下來兩條腿就像青蛙的腿那般細小，膝蓋彎曲，背骨和脊椎骨也不健全，所以雙腿沒有知覺，經過醫生悉心的矯治手術後，將他的雙腿截去。從此，他成為沒有下半身的孩子。

雖然沒有腳，肯尼卻能以手代腳，九個月大時，他就憑著自己的力量坐起來。慢慢地，也能用手走路，甚至上下樓梯都不成問題。

當肯尼遇到別人惡意的言語與無聊的舉動時，只求身體不要受到傷害就好。不過，有時候他也會因此感到氣憤或傷心。但是，只要回想起愛護他、關心他的人，畢竟比有意傷害他的人多時，也就不在意了。

肯尼的堅強與勇敢，為他贏得了許多友誼；除了用雙手走路外，平日生活與一般人無異，照常和朋友玩撞球、打保齡球和工作。

他沒有讓自己一直躲在黑暗的角落裡哭泣，天生脊椎生長異常的他，被醫師判定活不過二十一歲，但他奇蹟般地存活了三十五年，並且和一位深愛他的女孩共同組織一個家庭。

覺得自己做得到和做不到，其實只在一念之間。自己要先看得起自己，別人才會看得起你。

一切偉大的行動和思想，都有一個微不足道的開始。有理想在的地方，地獄就是天堂；有希望在的地方，痛苦也成歡樂。樂觀者在困難中看到機會；悲觀者在機會中看到苦難。

7 很多時候，事情不是理所當然

「假如你對自己沒有信心，那還有誰會相信呢？所以，要有一種堅定的信仰。讓它激勵你、振奮你、鼓舞你。最後，你就會做回那個真正的你。」

——愛默生

曾經得過歌唱冠軍、傑出青年、金鐘獎的廣播主持人劉銘，自小因為罹患小兒麻痺症、四肢萎縮重度殘障，他的雙手無法高舉又沒力氣，雙腳也不能走，一輩子註定要窩在輪椅上。

他曾經一度無法面對自己坐輪椅的事實，然而終此一生自卑，對自己的人生毫無幫助。想通之後，劉銘說：「我現在把輪椅當成身體的一部分，它是我的『賓士』，我們現在已經是人車合一了！」建立樂觀的心態，能夠讓人即使置身不幸也能淡然處之。

「很多時候，事情不是理所當然」劉銘以堅定的口吻表示，當生命進入低潮期，要儘快從挫折中站起來，學習把自己當一般人看待，於是自行列出坐輪椅的十種、百種好處，以便能夠苦中作樂，擁有樂觀的力量來面對人生。

此外，他絕不因殘障而退縮，還勇於追求人生目標——有正當職業、娶妻、生子，甚至從事社會公益，把好的影響力傳給其他需要鼓勵的邊緣人。「別人看我，把我歸類到最沒行動力的族群，事實上我比任何人都會跑，至今已經去過二十多國，」劉銘說，他雖然手腳不健全，心卻是自由自在、來去無風，只要有心去做，就能自助人助，一樣可以搭著心愛的「賓士」輪椅四處去。

▼雙目失明的「阿拉伯文學之柱」

埃及著名文學家塔哈由於罹患眼疾，在三、四歲時就雙目失明。但性格倔強的小塔哈，沒有向命運屈服，他以驚人的毅力與勇氣，頑強地闖出了一條光明之路。

他刻苦認真地學習，課餘時間從不荒廢。他聽別人朗誦詩歌，就默默在心裡記下，並請別人幫助自己朗讀。而且經常拜訪鄰居，學習來自民間淳樸、生動的語言。這一切為他日後進入大學深造打下了堅實的基礎。

塔哈憑自己的努力，進入著名的埃及大學，畢業時獲得了埃及歷史上第一個博士學位，並且得到國王的親准，到法國巴黎留學，後又獲得法國的博士學位。透過個人不懈的努力和奮鬥，他為阿拉伯文學寶庫留下了珍貴的文學巨著，被稱譽為「阿拉伯文學之柱」。

▼左腳趾作家成就一生不凡

體弱多病不是真正的障礙！愛爾蘭著名作家、詩人斯蒂・布朗一生中寫出了五部巨著，令人驚歎的是這些作品是他用左腳趾寫成，其中的艱辛不言而喻。

布朗生下來就全身癱瘓，頭、身體、四肢不能動彈，不會說話，長到五歲還不會走路。但小布朗很喜歡用左腳趾夾著粉筆，在地上亂畫。

在母親的耐心教導下，布朗學會了二十六個字母，並對文學產生濃厚的興趣。

▼布朗殘而不廢的「錦繡前程」

布朗努力克服因身體殘障帶來的不便，用超出常人的巨大毅力，進行刻苦頑強的磨鍊，學會了用左腳打字、畫畫，也開始作文和寫詩。他寫作時，就把打字機放在地上，自己則坐在高椅上，用左腳上紙、下紙、打字、整理稿紙，克服先天身體的缺陷。

經過艱苦的努力，布朗創作出大量的文學作品。尤其是他的自傳小說《生不逢辰》問世後，轟動了世界文壇，被翻譯成十五國文字，廣泛流傳，並且拍成電影鼓舞著無數讀者。

這位一生都在與病魔頑強奮鬥的偉大詩人和作家，在他短暫的一生中，一直都在寫作。直到他四十八歲告別人世前，還完成了小說《錦繡前程》，為我們留下極為珍貴的精神財富。

達爾文被病魔纏身四十年，可是他從未間斷過對於科學的探索。

愛默生一生多病，包括患有眼疾，但是卻撰寫出第一流的美國文學詩文集。

華盛頓說：「思想淺薄的人，會因不幸而變得膽小和畏縮；思想偉大的人，卻因此奮發振作。」

▼人生是一張濾網，只留下最珍貴的

成功的定義是什麼？對劉銘而言，定義很簡單，只要能讓自己以及周圍的人都快樂，就是成功！工作忙碌的他，每週末都會特別撥出時間，和岳父一起吃飯、聊天，「我岳父都向別人誇獎我很孝順，把女兒嫁給我是對的。」殘障的苦難之於劉銘、塔哈、布朗，就像是一張人生的濾網。固然人生有痛苦、挫折、不如意，但把這些雜質過濾之後，剩下的就是最精純、最珍貴的。

8 信念，能讓人從苦難中破土而出

「信念是一隻會歡唱的鳥，它能在黎明來臨前的黑暗之際，感覺到光明即將到來而唱出歌來。」

——泰戈爾

出生窮困的安徒生談到自己的人生經歷時，他說：「過去的種種，就像種子一樣藏在我的思想中，一股涓涓細流、一束陽光，或一滴醇酒，就能使它們破土而出。」

▼貧民窟裡的夢想家

一八〇五年，丹麥作家安徒生出生於丹麥菲英島的貧民區。安徒生父親是丹麥歐登賽城的一個貧苦鞋匠，母親是一個樸實的女人，虔誠地信仰上帝。

歐登塞是個封閉的小鎮，人們堅信上帝和女巫。許多神秘的傳說在空氣中蕩漾不絕。紡紗室的老婆婆們有時會把「一千零一夜」中的離奇故事說給來玩耍的小安徒生聽，使得這個原本喜歡幻想的小腦袋更加豐富。

▼要行動，信心百倍地行動

一八一三年拿破崙發動戰爭，於是安徒生的父親走上戰場。兩年以後他回到家中，從此一病不起。父親死後，家中生計繁重，母親必需靠著幫人洗衣服維生，她只好把瘦小害羞的兒子安徒生送進工廠做童工。

當安徒生十四歲受過堅信禮以後，他對母親安排他做裁縫學徒的計畫表現出驚人的執拗——「不，媽媽，我要當演員。」於是他攜帶著簡單的行囊、和心愛的小木偶獨自前往歌本哈根。

當這個身材瘦削的男孩，手裡拿著一個包袱，終於抵達歌本哈根時，熟悉的故鄉已愈來愈遠，而這個巨大而陌生的城市，卻使他感到渺小而孤獨。他擦去眼淚，告訴自己：「現在不是哭泣的時候，要行動，信心百倍地行動。」

為了圓夢，安徒生做過小工，也曾三餐無以為繼而流浪街頭，他曾在哥本哈根皇家劇院當了一名小配角，後因一場大病使嗓子失潤而被解雇，從此開始專心寫作。

對安徒生而言：「旅行就是生活」。終其一生，他攜著一把雨傘，一根手杖和簡單的行囊訪問歐洲的所有國家，先後完成了「阿馬格島漫遊記」、「幻想速寫」、「旅行剪影」等作品，

當安徒生帶有自傳性的長篇小說「即興詩人」出版，受到了熱烈的歡迎。同年，他的第一本童話集問世。當中收錄有「打火匣」、「小克勞斯和大克勞斯」、「豌豆上的公主」、「小伊達的花兒」四篇童話。

▼從苦難中破土而出

此後，這位來自苦難中成長的作家，藉著詩一般的語言、婉轉曲折的情節，使他的童話故事，深深地打動人心，成為世界上擁有讀者最多的讀物而歷久不衰。安徒生

整整寫了四十三年，直到生命結束共創作了一六八篇作品，他的作品被譯成八十多種語言。

他用自己坎坷的生命，將未能實現的夢想，化做一篇篇動人心弦的童話故事，讓千千萬萬的兒童，遨遊在他筆尖的夢想世界裡。令人讚嘆的是，在安徒生的童話王國中，不見童年生活的灰暗與辛酸，而是用一篇篇充滿溫暖的故事，傳播著愛、關懷與歡樂。

終其一生，安徒生以自己的苦難，淬鍊出燦爛的花朵。苦難，也激勵出他生命中的無限潛能，加倍散發出無限的光與熱。

信念是一種無堅不催的力量，當你堅信自己能成功時，你必能成功。

9 放大自己的特質，黯淡的人生就能發光發熱

「不要盲目追趕自己沒有的能力，應該充分發揮長處，才能創造最大成果。」

——管理大師彼得・杜拉克

如果你沒有富爸爸做靠山、口袋缺銀兩，又不甘心讓命運主宰你的命運，那麼機會是自己創造的，為自己爭一口氣，一樣可以活得精彩！

▼做擅長的事，讓自己無可取代

你正在做的事，是自己的夢想嗎？你的工作，有讓自己的能力或特質發揮嗎？其

實，每個人的生涯地圖裡，一定都有最順手、最耀眼的那一片拼圖；只有當我們發揮自己最擅長的強項，加強知識和技能，才能化被動為主動，無論環境如何變化，都能吸引好工作、好機會上門。

根據一項人力銀行調查顯示，有超過七成的上班族每到年底，就有意要趁機轉換跑道，理由包括想追求更高的薪資、不滿現在工作環境，以及個人生涯規劃等。

當外在環境充滿不確定與未知數，你如何尋找自己更好的定位？花更多時間在目前工作上？跳槽，追逐所謂下一波「新貴」？還是漫無章法地東學西學，只為了多一把「讓自己心安」的刷子？

不管是現在的工作、未來的工作，決勝點其實不在工作條件本身，而是：它是否能與我的優勢結合？我做，能不能跟別人做出差異化，而且做起來得心應手？

如果答案是肯定的，那麼再平凡的工作如賣麵包，同樣能誕生世界麵包冠軍吳寶春，或是成為大廚阿基師；若答案是否，即使拼命擠進眼前的當紅領域，除了好光景能否持續難以預料，個人也無法建立不可取代性的權威，你的人生、你的前途依舊載浮載沉、隨波逐流。就像管理大師杜拉克（Peter Drucker）在自我管理上所提出的見解：不要盲目追趕自己沒有的能力，應該充分發揮長處，才能創造最大的成果。

10 也許不夠完美，但你最好先喜歡自己

「重要的不是別人怎麼看你，而是你怎麼看自己。」

——普布里利亞．西魯斯

有個素來在工作中表現很好的人，有一天主管想付予更高的重責大任，特別找他來談。一時之間，他顯得有些既錯愕、又驚喜，你看得出來他很高興，很想接下這個位子；但是你同時也看到他變得焦慮、不安。這些人對自己要求很高、能力也很強，結果考慮幾天回來，他說：NO！這個答案超過預期，問他為什麼？他說他不ready (還沒準備好)。

▼害怕心理，讓腳步遲疑不前

「永遠覺得自己不夠好」的人，經常眉頭深鎖，擔心很多東西，擔心這做不好，那做不好。你看得出來他覺得壓力很大，沒辦法很自在。平常外表顯得很理性，一碰到壓力，整個人就立刻變得情緒化。比方說，同事間討論一些事，他會突然放大說話音量，態度變得急躁、不理性。

・原因：負面的自我形象

通常你仔細跟他們談，會發現都是因為感覺自我形象不夠正面，認為自己不夠好的緣故，這也許是過去的不愉快經驗讓他們變得如此。這種人即使成功也會因缺乏自信，而不斷地自問：這真的是我嗎？

這類型的人有的從小就很優秀，但是家庭環境不好；有的則是小時候不突出，所以有一種自卑感，但是又很好強。他們通常抗壓性較差，比較不敢冒險。

「覺得自己不夠好」的人，很需要有人懂得欣賞他。一旦感覺受到重視，才會感到自己從內在被尊重，這才有了安全感。

面對這種情形，首先必需重建自我形像及信心。不妨拿出過去成功的事蹟來鼓勵自己：其實我還蠻不錯的。然後再針對自己所害怕及畏縮不前的事，重新再來一遍，再多給自己一次機會，試過一兩次之後，你會發現其實接受挑戰，並沒有那麼困難。

11 現在的一切，就是最好的

「在今天和明天之間，有一段很長的時間；趁你還有精神的時候，趕快把現在該辦的事做好。」

——歌德

大陸知名藝人陳坤從小家貧，小時候和母親、繼父、弟弟擠在十三平米的舊屋裡，床邊上就是紙糊的窗。父母離異在當時少見，他在外飽受白眼，心情又擺盪在早就各自生活的父母間左右為難。陳坤很呵護弟弟，會為他出頭打架，賺第一筆錢時就拿出五千塊給他。因為大弟弟小時候曾把好不容易賺來的小零錢，交給媽媽讓她買肉給哥哥吃，陳坤一輩子記得，總想用物質補償他。

長大後，當陳坤好不容易成名卻得了憂鬱症，走在街上惶惶然，覺得生活裡的一切都不真實。他的現在和往昔離得太遙遠了。他愛錢嗎？顯然他享受並珍惜財富。他的大學同窗回憶當年陳坤剛拍廣告領了錢後，先是去買一件Burberry風衣，為了值回價錢，晨跑時竟然也穿著風衣。

陳坤一直相信殘酷的力量，認為它最能激起一個人的鬥志。因為他在年少青春時期面對過殘酷。當年由於家境貧困需四處籌措學費、每天晚上在夜總會唱歌，為了八元的炒麵大老遠跑到留學生餐廳去吃飯……。剛有名氣時主動向前輩問好，回應過來的卻是一對白眼加上冷言冷語。

不過，如今他回頭一望，卻對過去充滿感激。面對生命中的起起落落，陳坤有一套自處之道，他說：「現在的一切就是最好的、最對的。你長大遇到的那個男朋友是最好的，你遇到失業是最好的，一切都是剛剛好。」

儘管自我可能是脆弱的、不堪的、煩亂的；不過當你能勇敢地面對自己，就能產生正面能量而能與人分享。

卷3

面對最真實的自己

讓自己活在事實中，你將可以面對每一件事，
甚至是死亡。
此外，要學習將傷口轉化成智慧，
所謂的失敗其實是上帝在說：
「對不起，你走錯路囉」
但那只是人生經驗罷了。

12 做自己，勇敢追夢

「一個人可以非常貧窮、低微，但是不可以沒有夢想，只要夢想存在一天，就可以改善自己的處境！」

——歐普拉

出生於美國密西西比州的一個典型黑人貧戶家庭、生父不詳，九歲被強暴、十四歲未婚生子的歐普拉·溫芙蕾該如何活下去？

這個來自黑街的女孩，從外表看起來，任何一個合適健康成長的條件，包括一個完善的家庭、教育、經濟條件…以及能夠滋潤生命的「愛」，在她身上似乎全部不存在。依照常理，這個女孩很可能一輩子隱身在不見天日的黑街，然後無聲無息地過一輩子……。

不過，歐普拉可不想這樣，她以無比強勁的生命力戰勝了頑劣的命運。

▼要成功，先抓住自己特質

為了改變貧困的處境，歐普拉極端渴望成功，十九歲時連大學都沒有畢業，開始出社會闖蕩。她獲得一份在當地廣播電台兼差的主持工作，兩年之後轉戰電視台擔任新聞主播。

一位身材肥胖、長相普通，一點也不像辣妹的黑人女性，如何能夠在重視外表的電視圈生存？當時電視台想要把歐普拉塑造成「美女主播」，不僅把她送到美容院燙個大包頭，還要她改掉土裡土氣的「歐普拉」本名，另外取一個美美的藝名。但是歐普拉堅決不從，最後她被迫離開新聞主播台，轉而主持談話性節目，她毅然決定拋棄包裝，做真實的自己，沒有想到這種風格竟成為她走紅數十年的重要關鍵。

一九八三年，她的生命出現曙光——遇到了鄧尼斯・施瓦遜，當時芝加哥一家電視台的老闆。他發掘了歐普拉，並支付她高額年薪，期許她與當時的當紅主持人費里一決高下。在那之前有長達十年的時間，由費里主持的電視談話節目在芝加哥一直佔據壟斷地位。出人意料的是，上任僅一個月，歐普拉脫口秀的收視率就一舉超過了費里。

鄧尼斯回憶當初面試的情景：歐普拉走進他的辦公室對他說：「你對聘用我是否有什麼顧忌？」

鄧尼斯反問：「我有什麼需要顧忌的嗎？」

「你知道，我是個黑人並且很胖！」歐普拉回答說。

「這我能看出來，我也很胖。我不需要你改變你的外表，如果那樣的話，我就乾脆僱用別人了。」

事實證明鄧尼斯是對的，他對歐普拉最大的貢獻，在於幫助她認清一件事實：

「只有以自己的方式生活和工作才能獲得成功。」

▼做自己，歐普拉活出精彩生命

如何自助人助？當你一無所有？

歐普拉說：「有一天，我坐在攝影棚裡，雙腿交叉，想要學習像芭芭拉・華特絲一樣的播報新聞。但突然間我覺得自己很可笑，因為我永遠不會是芭芭拉。我總算知道，我做歐普拉會比模仿芭芭拉來得更加出色。於是，我要求自己一定要忠實地扮演好自己，往後我每天只需做我自己，又可以賺到那麼多錢，簡直讓我太驚訝了。」

此後，歐普拉毅然甩開包袱，決定自由自在做自己，此舉為她贏得了更多的鼓勵與掌聲。

從黑街到全球知名的媒體天后，歐普拉決心成為自己人生掌舵者的驚人毅力，成為促使她終能走出黑街，活出精彩生命的重要關鍵。

她以一生的努力奮鬥，向世人敘述一個永遠不變的真理：當你做真實的自己時，在你身上將散發出不可言喻的自信光芒，它將吸引別人給你更多的資源，一步步把你推向更高的人生舞台。

歐普拉說：「如果你問我，成功的祕密是什麼？那就是我相信，無論順境或逆境，只要付出全部的努力，那麼就會有一股更強大、超越自己的力量可以左右你的人生。儘管沒人看好你，但是你必需知道你是誰，而你即將要往哪裡去，為自己設立一個夢想，為人生設立最高的願景，最後它終將實現。」

要想成功，最好能夠「活出一個真實的自己」並且「忠於自己」；歐普拉用坎坷卻精彩不凡的一生，告訴我們這個生命的價值與秘密。

13 當上帝關上門，卻也打開另一扇窗

「有志者自有千方百計，無志者只有千難萬難。」
——培根

不要輕言放棄生命，每個人都會有困難，必須去積極面對，做好每一天，很多時候人們的最大敵人，來自於無法克服自己內心的怯懦。

▼上帝關閉了波伽利的眼睛

被譽為聲樂家帕華洛帝接班人的男高音安德烈．波伽利出生於義大利。不同於一般孩子，小波伽利的眼球看起來混濁，且畏光、常流淚、紅腫，他的父母向醫生求助

後才發現，原來他是先天性青光眼。醫生說：「遲早，這孩子會喪失視力。」

上帝關閉了波伽利的眼睛，卻也給勇敢的波伽利打開了另一扇窗。

儘管醫生預告了兒子未來的命運，但哪怕只是多爭取一些光亮、多點時間都好，波伽利的父母不辭辛勞地帶著六個月大的兒子四處求醫，前後總共動了二十幾次手術，總算為波伽利保留少許些微的視力。

但有一天，波伽利望著鄰居的房子問媽媽：「我長大以後是不是就可以看清楚那房子？」母親心想，這是沒有希望的，我不能騙他。

於是，她答道：「你永遠也看不到，但是你會看到我們無法看到的。」

在音符中找到生命的避風港

波伽利的母親不斷的告訴自己：「不能同情他，我必須要有力量。如果我要我的兒子成為一個男人，沒有別的選擇，我必須放下傷痛，從內心尋找力量，但這是很難的，尤其當你看著一個活潑的男孩眼神日漸空洞時……。」從小，母親就發現音樂可以撫慰眼睛劇痛的波伽利，因為只要有音樂，哭鬧就立刻停止。於是，一面上學，波伽利也從七歲開始學鋼琴。普通人看樂譜，休止符、快板、慢板等符號一目了然，但波伽利卻必須熟記用文字做成的點字樂譜方可演奏。

可是，他從不向命運妥協。

念中學的時候，除了沉重的書包，波伽利還得抱著重重的盲人打字機去上學。高中時，老師曾經對於他的特殊感到厭煩，還百般刁難，波伽利只好轉學。但他並沒有被打倒，反而以優異的成績從高中畢業，並順利進入歐州最古老的比薩大學就讀法律。十六世紀著名義大利物理、天文學家伽利略就是這裡畢業的。

▼自己才是阻礙生命之路的大石頭

大學時，波伽利開始在鋼琴吧唱歌，一方面磨練技巧，一方面補貼家用。他不停的寫歌、練唱、到處寄錄音帶，尋找機會。為了維持生計，波伽利還把音樂器材放在父親車上，再由父親載著他，到處去婚禮、餐廳、露營區趕場唱歌。

冬天，為了減少開支，只要太太一出門，他立刻把暖氣關掉，自己穿上外套保暖。由於一次偶然的機會，一位調音師聽了波伽利的歌聲之後驚為天人，於是主動推薦一位老師，並且願意替波伽利引薦。就這樣，波伽利加入義大利大師貝瑞塔尼的門下。

終於，長久的努力與等待換來了一個生命轉捩點。有一天早上，電話鈴聲吵醒了波伽利，電話那頭說：「我是帕華洛帝！」剛睡醒的波伽利心想，這鐵定是惡作劇。但那聲音又重複了一次：「這是帕華洛帝！」原來，帕華洛帝親自打電話邀請波伽利參加在義大利舉行的音樂會，因為不久前他碰巧聽了波伽利錄製的《求主垂憐曲》後，渾厚的聲調令帕華洛帝大受感動。

這個機會，把波伽利推上了國際舞臺，一位不可多得的男高音終於在全球音樂界發光發熱。回首來時路，成功並不偶然。一路走來始終沒有失去勇氣和樂觀的天性，支持著著他一路向前不退縮。

當生命遇到缺口，當你一無所有時，這時你向窗外看？你會看見什麼？滿目蒼涼？還是蔚藍天空？我們也許無法改變出身，但卻可以做自己生命的掌舵者。

14 讓自己活在事實中，就能面對一切

「當你陷入困境時，不要抱怨，你只能默默地吸取教訓。」

——比爾．蓋茲

人生是一場旅程。生命教會你成為今天的你，它可以讓你的潛能發揮到極限，你每天都在學習，每天的經驗都在讓你更加認識自己。

讓自己活在事實中，你將可以面對每一件事，甚至是死亡。此外，要學習將傷口轉化成智慧。人在一生中會受到許多傷害，也會犯錯。有些人將這些錯誤稱為失敗，不過所謂的失敗其實是上帝在說：「對不起，你走錯路囉。」那只是人生經驗罷了。

成功的祕密是什麼？無論順境或逆境，任何人只要付出全部的努力，那麼就會有

一股更強大、超越你自己的力量可以左右你的人生。

如果你試著將重點放在你所擁有的事物上，你會發現世界很豐富，你也會愈來愈富有。如果你將重點放在你所沒有的事物上，那麼永遠都不會滿足。

15 誠實面對自己的感覺

「你的時間有限，不要浪費時間活在別人的陰影裡；不要被教條所惑，盲從教條等於活在別人的思考中；不要讓他人的噪音壓過自己的心聲。」

——賈伯斯

到目前為止的人生，你是否曾經認真「回想」自己的生命歷程？那些曾經有過的快樂、難過、感動與感謝⋯⋯靜下心來，讓我們一起來場面對自我的生命體驗

人生中的諸多考驗，就像個一所學校，等著我們一個學分、一個學分去學習，有時必須重修、補考，甚至被當掉。

沒有任何人一生風平浪靜，每一次危機、每一個困境、每一度失意，都不妨問自己：「你學到什麼？」只要能從摔跤中學到教訓，就能站起來、拍拍灰塵繼續走下去。否則，失敗總是會換一種面貌，繼續出現在你面前，你得補考，考不過就得再考。

要想安然度過難關，唯一的秘訣就是，用真正的我去面對，從中學到自我改進，追求更深層次的理解、被理解與成長。

▼情感會帶領你找到真正想要的

首先必需誠實面對自己的感覺。

做你覺得有意義的事，不論賺多少錢，每天的生活都當做是上天的賞賜。

可是，我們怎麼知道自己的選擇是對是錯？不要慌，你總是知道的。感覺，就像你生命中的ＧＰＳ導航器，會引導你到正確的地方。你的情感會帶領你，竅門是每次做決定前先仔細問你的內心。

當你不知道該如何做決定時，靜下來，完全地靜下來，直到你聽見自己內心的聲音。這不僅會改善你的生活，也會讓你的職場工作增加競爭力。今天，個人成功的路徑不再靠邏輯、規則、線性思考，而是情感、快樂與動機。

卷4

找出特色，就能變成魅力

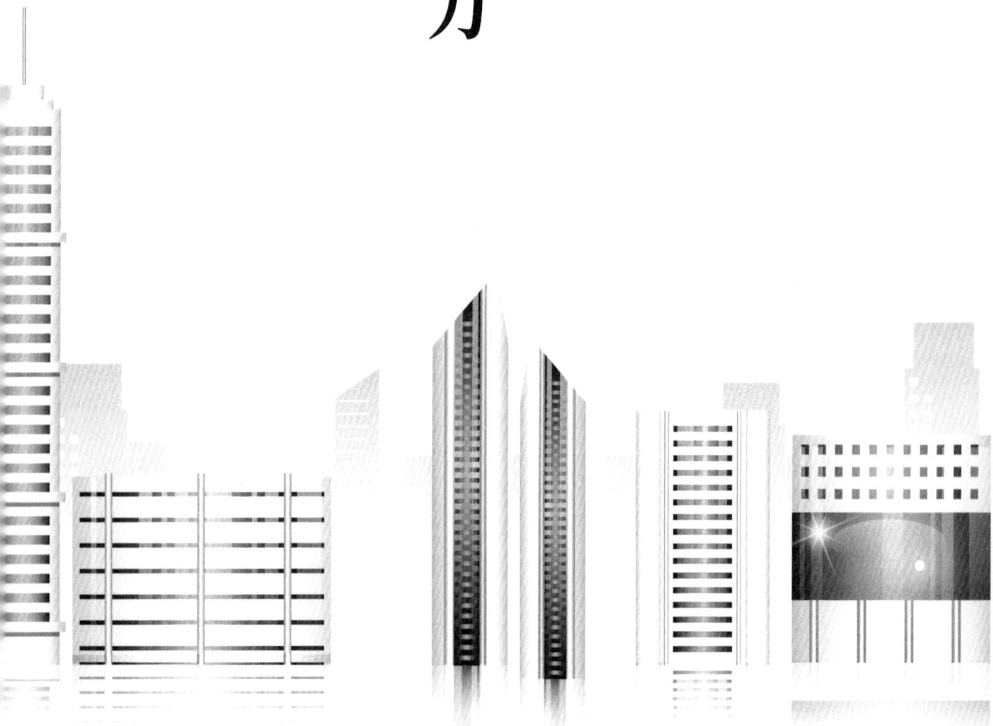

人一旦充份發揮長處時，
往往能毫不費力就表現出最好的一面。
因此，我們的悲哀並不在於缺乏才能，
而在於並未發現自我的潛在能力，
以及無法真正實現自己的價值。

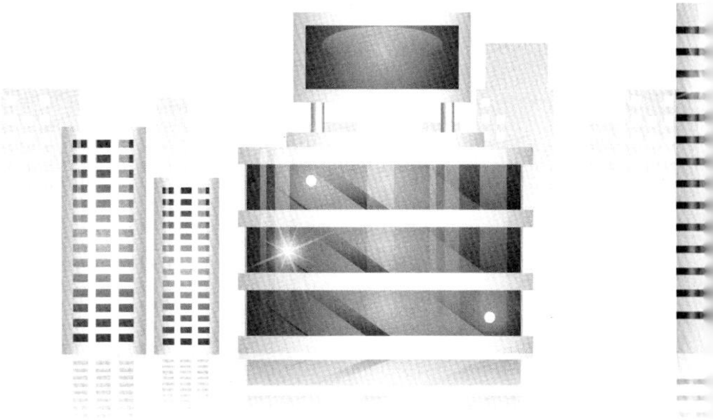

16 成功的第一個習慣——做你最擅長的事

「我每天起床後，有機會就做自己想做的事。如果你們想從我身上學到什麼，這就是我最中肯的建議。」

——華倫・巴菲特

面對社會上很多功成名就的人，也許你心想：一個人想爬到高峰需要很多犧牲。然而，對於很多正爬向高峰的人而言，他們卻說：努力工作是因為真正樂在工作。任何行業中表現出色者，都是完全投入正在做的事情，且一心一意、衷心喜愛自己所從事的工作，自然也就水到渠成。

電影「美國隊長」中，菲力浦斯將軍為了測試士兵們的勇氣，把一顆假手榴彈扔進了操練中的隊伍。所有人立刻嚇得四散彈開，唯獨體格最瘦小的羅傑斯撲上前抱住手榴彈，試圖保護同袍。這個舉動，透露了他「專注、值得信賴」的特質，強烈到足以彌補身材的缺陷，成為他被選為「美國隊長」的關鍵。

在穿上美軍制服前，羅傑斯曾因身材缺陷被驗退五次，但他沒有放棄夢想——因為每一個人，都有獨特之處。所謂成功，不是去搶最炫、最出風頭的事；而是要用適合自己的方式，做自己最擅長的事。

股神巴菲特自認和一般人最大的差別，只在於「我每天起床後，有機會就做自己想做的事。如果你們想從我身上學到什麼，這就是我最中肯的建議。」

▼不要用自己不擅長的方式工作

知道自己的長處，就能找出自己擅長的工作方式。如果一直以自己不擅長的方式工作，就會落入事倍功半、成效不彰的情況。

剛創辦雲門舞集時，舞蹈家林懷民發現，由於身材限制，東方人跳得不如西方人高；因此在編舞時，他讓舞者放下重心，強調「紮馬步」的動作，結果意外開創出東方的舞蹈風格，也使「雲門舞集」成為「東方人舞蹈」的代名詞。

根據一項研究調查顯示，只有二十%的工作者覺得自己每天都有機會發揮所長。在《發現你的天才》一書中敘述：「大多數的組織(或員工)猶如在暗室裡拼湊起來的拼圖，每塊拼圖的邊緣都是被磨掉後，再勉強拼湊上去的。但是，當點亮燈後才發現，十之八、九的圖塊都擺錯了地方」。

人們常沉溺於自責，卻很少積極地認同自己

人一旦充份發揮長處時，往往能毫不費力就表現出自己最好的一面，這種感受和苦練卻無法進步的挫折感截然不同。

通常人們在面對自己時，往往只關注自己的劣勢在哪，卻忽視了優勢？更多時候只考慮自己如何去適應工作，卻很少思考究竟什麼樣的工作才適合自己？我們常沉溺於對自我的不滿與自責，卻很少積極地認同自己；更多時候是樂於取長補短，卻很少靈活地揚長避短。

因此，我們的悲哀不在於缺乏才能，而在於並未發現潛能，以及實現自己的價值。

心理學家發現，每個人都有天生的優勢。截至目前為止已發現人類共有四百多種優勢。一個人擁有多少種類或數量的優勢並不重要，最重要的是你是否知道自己優點為何？如果你期待成功，那麼何妨靜下心來想想，你是否正在做自己最擅長做的事情。

17 找一件最喜歡的事，做到最好

「成就偉業的唯一途徑，就是熱愛自己所從事的工作；如果你還沒有找到，不要放棄。跟隨你的心，總有一天會找到。」

——賈伯斯

唯一登上賭城太陽劇團舞臺的台灣人陳星合、三十歲。以挑戰人體極限揚名國際，被譽為「最偉大的表演藝術」的太陽劇團，一直是陳星合想都不敢想的目標；經過長達十年的練習、爭取與等待，他不僅取得正式合約，更成為太陽劇團創始以來，唯一隨團前往美國拉斯維加斯駐點演出的台灣人。

▼做對的事，就能在對的路上全力以赴

十歲開始學習京劇和傳統戲曲的陳星合，置身管教嚴格的國光藝校，每個練習動作都必需遵照老師的規定，不容稍有差錯。長期生活在這個環境裡，一度讓他感到透不過氣來。直到接觸到水晶球雜耍的那一刻，陳星合才豁然開朗：「啊！就是它了」而這也是他這輩子「第一件自己決定的大事」。

他形容自己從小是個極度缺乏自信的人。工作對他而言，最辛苦的部份，不在於百遍千遍的練習過程，而是「我真的很不相信自己」！因此陳星合必需花很多力氣和自己的內心拉扯，一再告訴自己「我辦得到」。

水晶球雜耍是第一件讓陳星合從興趣發展到「想把它做好」的專業技能。他以無比驚人的毅力辛苦自學，只要有國外團體來台演出一定到場觀看，直到太陽劇團來台甄選，歷經重重關卡與等待，陳星合以最高得分者，終於等來一紙早已期盼多時的合

約，他開心地打包行李飛往拉斯維加斯，正式躍上嚮往多時的國際舞台。

從默默無聞到舞台上的發光發熱，陳星合告訴他的學生：「要常對自己說，嗯，我很棒！」這樣才可以像加滿油的汽車一路向前奔馳。重要的是，選擇一件你最喜歡做的事，就更能堅定信念，在「對的路」上全力以赴。

18 坐對位子就能發熱發光

「不要活在別人的觀念中，要勇敢跟著自己的心意和感覺走。」
——賈伯斯

你覺得自己過得很有意義、很有價值嗎？你每天上班工作都神采奕奕、自信滿滿嗎？或者，問一個簡單的問題：你快樂嗎？

在這個不景氣的年代裡，你是否常自認倒楣、命苦，然後越來越沮喪消沉？再問一個更簡單的問題：為什麼有人還是可以意氣風發呢？其實，問題的關鍵點只在於兩個字：『定位』——你整個人生確定要扮演的角色！

▼做自己喜歡的事一生自在快樂

來自鐘錶國度的製錶師傅魯道夫．布爾跟著父親，十七歲就開始學習製錶技術。他在羅馬開始他第一份製錶工作。

一九五〇年代最有聲望威信的手錶品牌，都是出自於布爾之手。他也曾經跑到澳洲，為歐米茄以及勞力士製錶。布爾不只專精於製錶工作、也學過珠寶相關技術，可以相互結合手錶與珠寶的精密與藝術。

為什麼能從事製錶工作長達四十七年？在布爾眼中，手錶能發揮機械精準與藝術的最高境界，他說：「我很喜歡我所做的事，這樣的工作對我而言，就像是上天送的禮物。因此我的人生非常快樂。每天我一早起床就外出散步，接著就帶著愉悅的心情展開工作，我從未對工作感到厭煩。」

他強調，金錢並非一切。許多人都擁有財富，但仍舊過著不快樂的生活。

對他而言只要有輛小車、一份喜歡的工作、一個幸福的家庭，並且能利用時間外出旅遊就會感到很快樂。

▼找到對的位置需要探索跟堅持

我們可以為釣一次魚而做準備，為吃一餐飯而規劃，為下一盤棋而思考，為一次旅行而計畫。但是，卻很少認真地思考一下自己一生應該如何度過。

成功與失敗的區別就在於，成功者選擇了正確，而失敗者選擇了錯誤。這就是為什麼，我們常看到一些天賦相差無幾的人，因選擇了不同的方向，人生境遇卻迴然相異。

想成功？就得坐對位子，創造自己的價值、成就專屬自己的舞台。當然，找到對的位置需要探索跟堅持，但可以確定的是：永遠不嫌晚。

19 融入環境，才能走得更遠

「社會充滿不公平現象。你不要想去改造它，只能先去適應它」

——比爾．蓋茲

由於參與李安的電影「色戒」而一炮而紅的大陸女演員湯唯，卻也因為此片被大陸官方以不成文的「默契」遭冷凍年餘。在短短的兩、三年間，從無人知曉的素人、獲金馬獎「最佳新人獎」後，又躍身成為亞洲市場最新崛起耀眼明星、然後又突然消聲逆跡……，歷經人生的大起大落，她如何自處？

▼《色，戒》之後突然消失不見

湯唯在一次接受媒體採訪時說：「很多人覺得我是花瓶，實際上並沒有什麼實力。但其實我有自己的底子，而這些底子長久以來被大多數人忽略了。我憑藉自己的實力考進中戲導演系，剛入學就做了職業模特兒；大學期間，我還學了表演、播音、美術，獲得了羽毛球國家二級運動員資格；我演過電視劇、話劇，做過話劇編導；我拿過很多獎，雖然不是什麼國際大獎，但是印證著我一步步的腳印。

《色，戒》在成就我的同時，也輕易地將我之前的成績輕輕抹去。我的過往無人提及，彷彿我是一個空降兵，直接落到了金馬獎的頒獎臺上。送給我的都是幸運、機遇…這些與自身努力無關的字眼—我的確很希望成名，但不是以否定自己做為代價。

然後，我『消失了』，媒體上不再有關於我的任何報導。我很冷靜地盤點大紅大紫後的收成：金馬獎最佳新人獎、某化妝品廣告代言、花瓶、一脫成名、對青少年有不良影響…我就像上證A股，瘋狂地衝到了歷史最高點後，稀里嘩啦地崩了盤。」

於是，湯唯落寞地收拾起行囊前往英國進修。她說，這並不是逃避，只是不想總有人喋喋不休地追問關於未來的計畫。因為在她看來，未來，不是說出來的，是做出來的。出去之前，湯唯不知道要在國外待多久，也不知道自己所剩餘的錢能用多久。但她認為，一定能讓自己過得很好。

到倫敦一段時日後，有一天她接到了來自香港的電話。因為「優才」計畫，她獲得了香港居民身分證，港方邀請她前去發展。在香港迎接湯唯的，是與張學友合作新片《月滿軒尼詩》的一紙合約。

當你改變不了環境，就只能去適應它

於是闊別影壇近三年後，湯唯再度回到熟悉及喜愛的工作崗位上。這一回，她的步伐顯得既穩健又充滿自信。接二連三的新片開拍以及國際影展的連連獲獎肯定，也讓湯唯一掃「花瓶」疑慮，成為受人肯定的實力派女星。

回顧這段風風雨雨之路，湯唯顯得淡定而從容，她說：「當我改變不了這個環境，就只能去適應環境，因為無論在什麼時候，都是適者生存，人只有融入環境，才能走得更遠。

在競爭的環境中，如何脫穎而出，全看自己的心態，因為隨時隨地都有人在給你打分數，觀眾看著你、經紀人看著你、朋友看著你、同事看著你、小孩看著你。父母看著你，最重要的是你怎麼看自己。

若是你總是活在象牙塔裡自哀自憐，不肯認清事實，不努力改善自己的缺點、彌補自己的不足，終會被淘汰。」

20

掌握你的工作，而不是讓工作控制你

「最好不要只在夕陽西下時一味地幻想，而要在旭日東昇時就投入工作。」

——富蘭克林

托妮．莫里森是美國著名黑人女作家，一九九三年諾貝爾文學獎得主。在莫里森的少年時代，由於家境貧困，從十二歲開始，每天放學以後，她都要到一個富人家裡打幾個小時的零工，十分辛苦。

一天，她因工作的事向父親發了幾句牢騷。父親聽後對她說：「聽著，你並不在那兒生活。你生活在這兒、在家裡，和你的親人在一起。只管去幹活就行了，然後拿著錢回家。」

莫里森後來回憶說，從父親的這番話中，她領悟到人生的四條經驗：

一、無論什麼樣的工作都要做好，不是為了你的老闆，而是為了你自己；

二、把握你自己的工作，而不要讓工作控制你；

三、你真正的生活是與你的家人在一起；

四、你與你所做的工作是兩回事，你該是誰就是誰。

在那之後，莫里森又為形形色色的人工作過：有的聰明、有的愚蠢；有的心胸寬廣，有的小肚雞腸。但她從未再抱怨過。

在人的一生中，我們每天都可以自由地選擇，如何處理自己所擁有的每一分鐘。你既可以把它消磨在咖啡屋和酒吧裡，也可以將它花在研究室或運動場上。

停止抱怨，努力幹活，這樣會讓你的生命更有價值。

卷5

自我打氣「重開機」

當你遭逢困境時，何妨先安靜下來，
人只有在傾力思考的時刻，
才會聽見自己內在的真正聲音，
而心靈也只有在寧靜的時刻，才能撥奏琴弦。
你的直覺本能會引導你走出一條路來。

21 失意，但不能失志

「我們若一直為過去而糾纏不清，就有可能因此失去未來，何不讓過去的事過去，才能迎向未來」

——邱吉爾

一個不愛唸書的黑人小孩、缺乏有錢有勢家族做靠山，又無一技之長，要想出人頭地，按照常理並不是件容易的事。

籃球大帝麥可．喬丹出生在美國紐約布魯克林。小學和初中階段，喬丹的成績總令父母傷透腦筋，但他卻非常熱衷各種田徑競賽，因此老喬丹只要有空就在自家後院指導他練習籃球。很快，喬丹就成為小學籃球隊中的一員虎將。

美國的高中籃球隊分為兩個級別，一隊代表學校打比賽，二隊則是陪練。麥可起初自信地以為自己是一隊的最佳人選，於是他和好友一起報名。放榜那天，兩人結伴前往看榜，結果朋友榜上有名，而喬丹把榜單看了不知多少遍，卻始終找不到自己的名字。

放學後，喬丹奔回家中，關上房門抱頭痛哭。他的自尊心大大地受到了打擊。倔強不服輸的他硬著頭皮找上教練，希望允許能夠隨隊訓練，不料教練告訴他說：「你個子太矮，反應也不夠快，打籃球的前途不大。」喬丹失望而歸。

▼失意中依舊保有希望

等到有一天，當校隊正式參加地區比賽時，喬丹再度請求教練能夠隨隊練球。在他苦苦央求下，教練終於心軟，同意了他的請求，不過他必須負責為比賽中的隊員看管衣服。為了練球，喬丹只好抱著衣服進場。這段時間，他開始勤練球技，每天至少苦練四個鐘頭。

終於，在一次上場的機會中，喬丹以超凡的球技征服了全場觀眾，在努力多時後，奮力站上了自己夢寐以求的舞台。

▼人生之路沒有捷徑

被稱為「籃球大帝」的喬丹，儘管創下至今無人能及的球場成績，但在他職業籃球生涯中，卻有超過九千次的投球失誤，以及近三百場的輸球經驗，生命中充斥著一次又一次的失敗。喬丹日後回憶這段經歷時說：「這也許是一件好事，每當飽嘗失意時我總告訴自己，今後你再也不能遭受這樣的折磨了」。

為了一圓籃球夢，不因教練嫌棄身材矮、反應不夠靈敏而氣餒，喬丹以每天超過四小時的苦練，蛻變成為舉世聞名的「籃球大帝」。

他的故事再次證明一個事實：「生命是沒有捷徑的，如果你認真努力，就一定會獲得回報。」

22

放下，讓失落有盡頭

「你可以用愛得到全世界，你也可以用恨失去全世界；明天的希望，可以讓我們忘記今天的痛苦。」

——克里斯・艾芙特（網球冠軍）

人最主要的痛苦來自於，我認為這個東西應該，或者理所當然是我的。而當這個信念被衝擊，或者被奪取之後，我們往往會有如孩子一般，產生很大的失落感。

在情感方面亦然，當與一個人交往之後，我們便容易認定他（她）是我的（而且可能是單方的認定），就如同孩子認為這是我的玩具，不想與別人分享。因此，當原本屬於「我的」東西忽然失去了，就會很痛苦。

▼學習面對改變，是一件重要的事

當情感變質，人們通常會感到恐慌與自責：「失去了她（他），今後我該怎麼辦？」、「是不是我不夠好，所以她（他）不再喜歡我了？」、「我做錯事了嗎？所以才讓她（他）棄我而去？」

每個人「失戀」的情況不同，但是承認自己在感情上受傷，目的並不是在怪罪對方，重點在於如何來撫慰自己受傷的心？在挫折中，學習如何重拾身心靈的自信，並提醒自己不要再重蹈覆轍，進一步幫助自己「面對改變」，是一件很重要的事。

首先，必須尋求一個好的「支持」。儘量把自己的注意力，放在能夠「掌控」(能做的)事情上，就不會陷入恐慌；而身邊的人也能幫助自己在失落裡重新看見，原來自己並沒有想像中的那麼卑微，甚至於發現人生還有許多其他的可能性。

其實，在平日生活裡，就必須學習如何經營自己的人生，而不是全然投入於感情裡頭。一旦愛人琵琶別抱，放下自己的負面思維，轉而由平日的生活中，找到能夠「支持」自己前進的能量，就能讓你航向新的彼岸。

23 其實，路並未走至盡頭

「每朵烏雲背後都有陽光。」

——吉伯特

面對同樣半杯水，悲觀的人說：「完了，只剩下半杯。」而樂觀的人說：「真好，還有半杯。」

肯．海瑟是個優秀的音樂家，他很有效地利用他的天分，和他的學生們溝通。

他常跟學生說：「小時候我在聖誕節得到一個禮物——一把小木琴，另外還有一本學習手冊。

但是，我在那本手冊不見之後才學會彈琴的。」當發覺小冊子遺失，他和父母找遍屋內、院子和車子內部都遍尋不著，最後海瑟絕望地坐在地上放聲大哭。

「媽！」他嗚咽道：「音樂不見了！」

「孩子」母親柔聲安慰道：「只是手冊不見了……音樂在你心中……仔細聽，你會彈的。」

他繼續對著台下的學生們說：「有時候也許你覺得跟世界隔絕了，彷彿生活走到了盡頭，彷彿音樂從你的生活中消失了。但音樂在你心中，如果你注意聽，依舊可以彈出美妙樂曲。」

不論你在哪，不論你的環境如何，不論你的遭遇有多不幸，你生活中的音樂並未不見。它就在你的內心裡，只要你注意聽，你就會彈。

當你遭逢困境時，何妨先安靜下來，人只有在傾力思考的時刻，才會聽見自己內在的真正聲音，而心靈也只有在寧靜的時刻，才能撥奏琴弦。你的直覺本能會引導你走出一條路來。

24 天堂與地獄都由自己建造

「除了年華老去會讓人變老外，還有很多因素也讓人變老，例如：人們因放棄理想而變老，你如同你的信念般年輕、如你的疑慮般年老、如同你的自信般年輕、如你的恐懼般年老、如同你的希望般年輕，如你的絕望般年老。」

——道格拉斯・麥克阿瑟將軍

工作與人生是一種態度，它決定了我們快樂與否。同樣都是石匠，同樣在雕塑石像，如果你問他們：「你在這裡做什麼？」他們中的一個人可能就會說：

「你看到了嘛，我正在鑿石頭，鑿完這個我就可以回家了。」這種人永遠視工作為懲罰，在他嘴裡最常吐出的一個字就是「累」。

另一個人可能會說：「我正在做雕像。這是一份很辛苦的工作，但是酬勞很高。畢竟我有太太和四個孩子，他們需要溫飽。」這種人永遠視工作為負擔，在他嘴裡經常說出的一句話就是「養家糊口」。

第三個人可能會放下錘子，驕傲地指著石雕說：「我正在做一件藝術品。」這種人永遠以工作為榮、工作為樂，在他嘴裡最常說出的一句話是「這個工作很有意義」。

▼工作的價值，由你自己定義

天堂與地獄都由自己建造。如果你賦予工作意義，不論工作難易，都會讓人感到無比快樂；嘗試去喜歡你所做的事，才能在工作中獲得樂趣。如果你不喜歡做的話，任何簡單的事都會變得困難、無趣；當你叫喊著這個工作很累人時，即使毫不費力，也會感到精疲力竭，反之就大不相同。事情就是這樣。

如果你視工作為一種樂趣，人生就是天堂；如果你視工作為一種負擔，人生就是地獄。檢視一下你的工作態度，這樣可以幫助你進一步了解自己。

每一份工作或每一個工作環境都無法盡善盡美，令人稱心如意。仔細想想，自己曾經從事過的每一份工作，多少都存在著許多寶貴的經驗與資源。例如失敗的沮喪、自我成長的喜悅、溫馨的工作夥伴、值得感謝的客戶等，這些都是人生中值得學習的經驗。如果你每天能帶著一顆感恩的心去工作，那麼工作的心情與態度，就會變得愉快而積極。

因此，當您興起「另起爐灶」或「此地不留人自有留人處」的念頭時，不妨先轉換你的心情，以新的角度看工作、看事情，以便建立正確的工作觀。想換工作嗎？先換換心情吧！

25 活在當下，踏實築夢

「當下指的是專注於目前所發生的一切，感激每一天你所得到的一切」
——史賓賽．強森

對於快樂與成功，我們常以為一定有什麼特殊的方法或是秘訣，於是急著學習所謂的成功典範。

我們很容易就把問題想得很複雜，卻忘了最簡單的方法才是最有效的方法。只要專注於當下的時刻，努力做好現在的工作，快樂與成功就近在眼前。

▼所謂當下，就是你現看到的樣子

一個正在吃飯的人問正在打盹的禪師，什麼是活在當下？

禪師說：活在當下，就是你看到的樣子，吃飯就是吃飯，睡覺就是睡覺。

一個小朋友問爺爺，什麼是活在當下？

爺爺說：活在當下，就是你現在看到的樣子。天空是藍的、草兒是綠的、爺爺鬍子是白的，你呢？我的乖孫子臉蛋是紅撲撲的。

一個少年問老師，什麼是活在當下？

老師說：活在當下，就是你現在看到的樣子。老師在耐心地講課，你在認真地記筆記，每一句話都是一個祝福，每一個字都是一份驚喜。

一個富人問窮人，什麼是活在當下？

窮人說：活在當下，就是你現在看到的樣子，你在坐車、我在開車；你坐車坐得舒適、我開車開得快樂。

▼別擔心明天的落葉

佛經中有這麼一則故事：深山寺院裡，有一位小和尚負責每天打掃庭院中的落葉，但是寺院很大，小和尚每天打掃得很辛苦，尤其是在秋天時，一地的落葉常隨著冷冽的寒風滿天飛舞，彷彿怎麼掃也掃不完，這令小和尚感到煩惱不已。

小和尚心想：該如何做才能不再掃得這麼辛苦呢？他不敢跑去問師父，深怕被責怪太懶。後來，寺院一位聰明的大師兄告訴他：「你只要每天在打掃之前，用力地搖動樹枝，就可以把第二天要掉落的葉子搖下來，如此一來不就可以不必早起打掃落葉了嗎？」

小和尚一聽覺得很有道理，第二天便使勁搖樹，他賣力地搖，直到感覺枯黃的葉子已經落下方才罷手。

這一天，小和尚感到心滿意足，他一心以為明天再也不必辛苦地打掃落葉了。可是，隔天當他再度走進院子時，小和尚傻眼了……院子裡滿地的落葉依舊。

這時師父走了過來說：「傻孩子，不論你怎麼用力搖，明天的落葉也不會提前掉落。」

小和尚心裡這才恍然大悟：「不僅僅是打掃落葉，做任何事都不該心存僥倖冀望於明天和未來，只有認真地面對今天，清掃應該在今天完成的每一片落葉，才能活出生命的本質。否則到頭來，就好像是搖動樹枝想搖落明天的落葉一般地徒勞無功。」

快樂與成功就存在於「現在」

「快樂」與「成功」是再普通不過的名詞，然而對許多人來說，卻似乎遙不可及。不論再怎麼努力，仍感覺自己距離目標的路途如此遙遠，彷彿永遠無法到達終點。

其實，快樂與成功就存在於「現在」，也就是當下的時刻。「現在」是每一個人一生中所擁有的最珍貴禮物。善用並珍惜現在，才能真正擁有成功與快樂。

重點是，這份禮物並非由他人所給予，而是真實地掌握在自己手中。

卷 6

面對挫折

幾乎每個人背後都有一籮筐受挫的故事，
差別只在於：你是超越它，
還是在它面前低頭？
當你抱怨命運不公平時，
相當於赤腳在石子路上行走。
而樂觀是一雙踏實的鞋，
可以幫助你一步一腳印走過泥濘的人生之路。

26 拋棄負面想法，能讓腳步變輕盈

「人生是不公平的，習慣去接受它吧。請記住，永遠都不要抱怨！它不能改變任何既存的事實。」

——微軟創辦人比爾・蓋茲

當人們開始抱怨，別人對於自己有多忽略，而老天爺對於自己又是多麼不公平的時候，其實綑綁你的不是別人，而是自己。

你知道自己每天抱怨的次數是多少嗎？你總覺得自己時運不濟，所以哀聲嘆氣嗎？從口中說出的話語，顯示了我們的想法，我們的想法又創造了我們的生活。你發出的抱怨和牢騷越多，所招惹的負面能量也會越來越多。

我們的思想很有力量，當放下心中的負面想法，就會開始改變自己的生命。凡你所渴望的東西，你都配得，不要再找藉口，朝夢想前進吧。

▼彈琴的斷指少女

來自中國河南省鶴壁市的二十歲無指少女鄭桂桂，報名參加一項名為「達人秀」選拔，當她走上台，坐在鋼琴前時，全場觀眾莫不屏氣凝神，好奇這位斷指女孩，究竟要如何彈出美妙音符？

當悠揚的樂章輕輕在「掌間」流曳而出，全場觀眾起立報以熱烈的掌聲。

主持人好奇地問她：「我相信所有人都看見了妳的『與眾不同』，能否告訴我們關於妳的不幸？」

鄭桂桂自信地微微一笑，回答：「可是，我沒感覺我不幸啊！」全場再度響起如雷掌聲。

主持人再問：「那麼，是什麼樣的動力，讓妳想學好鋼琴呢？」

鄭桂桂說：「剛開始是鋼琴的聲音打動了我，讓我想學好它。當我學習之後，我感覺是上天眷顧我，給了我這麼一雙美好的手，讓我能彈出特別美妙的音樂。」

最後主持人說：「既然妳未感覺妳是不幸的，那麼我也將以平常心對待妳，我給予妳的不是敬意，而是極高的肯定。」

這位斷指少女憑著自己的實力，在眾多角逐者中脫穎而出。

抱怨，令人舉步維艱

當我們開始抱怨，就是將焦點放在不如意、不快樂的事情上，這是一個惡性循環，也是一個負面的吸引力法則。

從人們口中說出的話語，顯示我們內心真正的想法，而想法又創造了生活。你發出的抱怨和牢騷越多，你所招惹的負面能量也會越來越多。

任何負面的想法，只會讓你的腳步變得更加沉重而舉步維艱。當你抱怨命運不公平時，相當於赤腳在石子路上行走，而樂觀是一雙踏實的鞋，可以幫助你一步一腳印走過泥濘的人生之路。

27 不要害怕犯錯，因為它會教導你變得更好

「年輕，不是擁有犯錯的資本，而是具有改錯的能力」

——高爾基

愛迪生失敗過。他犯了一千次錯誤，他用了一千種不合適的材料去作燈絲。有個記者問他：「失敗一千次的感覺如何？」這位堅毅的發明家回答：「電燈是第一千零一次的嘗試而成功的！」真正的贏家不怕犯錯，只怕因犯錯而不敢嘗試。

活在世上，人人都希望自己被認可、被理解。每個人都想知道一件事：你聽到我看到我了嗎？我的存在對你有一定的價值吧？但是，在問別人之前，何不先問問自

己：究竟是什麼原因能讓你充滿活力地活著？然後就去做，因為世界需要的是一個朝氣蓬勃的人。人生最重要的事，就是最大程度地、最真實地展現自己。

▼「錯誤」——人生最好的老師

當你的人生遇見阻礙，一時之間它也許令你感到彷徨與失意，不過你必需相信，這些麻煩總會有結束的一天，生命中的這一頁不如意一定可以翻過去，一切都會變好。

不要因為害怕犯錯而畏縮不前，你可以從每個錯誤中學習，因為每個經驗和遭遇，尤其是自己犯的錯，都會教導並迫使你變得更好。要從錯誤中吸取教訓，因為你的每一次經歷、尤其是過去所犯下的每一個錯誤，都將幫助你、推動你更好地做自己。

看見別人犯錯，不必苛責別人，平常得很。發現自己犯錯，不必生悶氣，人生本來就是這樣。贏家把錯誤看作是「最好的老師」。重要的是，是否能從錯誤中吸取寶貴的教訓。

所以，別因為害怕而感到恐懼，因為射箭射斜了、拼字拼錯了、講話講錯了、走路走歪了，都是很平常的事，人都會犯錯，只有傻瓜才會不斷的犯同樣錯誤，人一生所可能犯下的最大錯誤是，由於怕犯錯而不敢嘗試。

勇敢想像、勇敢做夢、勇敢去做，這樣才會發現原來世界很大，和你想像中的不一樣。

28 想做、努力去做，就能產生正面能量

「最初所擁有的只是夢想，以及毫無根據的自信而已。但是，所有的一切就從這裡出發。」

——孫正義

在一場「傑出企業家」頒典禮上，世界著名投資公司「軟體銀行」創辦人孫正義哽咽地憶及過往：「當我小時候，父親以養豬來養活全家，祖母每天早上必需推著沉重的拖車，到處去收集別人家的剩菜剩飯回來餵豬。我經常跟著祖母，坐在她的拖車上，由於剩餘的湯汁常潑灑得到處都是，每當我坐在拖車上時，雙手必需緊緊抓住扶手，才能避免從黏膩不堪的拖車上滑落下來……。」

這是孫正義，如今身價高達近百億美元的日本「軟體銀行」創辦人之童年往事。

▼熱衷發明卻四處碰壁

出生於日本的孫正義，祖籍韓裔。身為日籍韓人，在向來排外的日本，孫家的發展自然受到諸多限制。

第二次世界大戰後，由於日本是戰敗國，因此經濟極度貧困，在這種惡劣的環境下，孫正義必需付出比別人加倍的努力，才能在客居地日本爭取一席生存之地。

他回憶小時候，最疼愛他的祖母最常掛在嘴邊的一句話就是：「我們能有今天是托人之福。因為托人之福，所以必須心存感謝！」那時候，孫正義總是不以為然地反駁祖母：「別人不會無緣無故地幫助我們，自己不努力，光是仰賴別人的幫忙根本不可能成功。」

醉心於發明的孫正義，很早就嶄露天份，他曾研發一款「多國語言翻譯機」，簡單地說，就是電子字典、電子語音合成器與電腦的組合。當時孫正義對於這項發明寄予厚望，但是日本企業界反應卻不是很好。為了推展新產品，他一口氣寄出推薦信給五十家家電廠社長，並親自拜訪佳能、歐姆龍、卡西歐、松下電器、夏普等數十家公司。

不過各家公司顯然對於他的新產品興趣缺缺。

最後他透過朋友的介紹，找上了當時夏普技術本部的部長佐佐木正。

佐佐木正在業界聲望極高，有「日本電子產業之父」稱譽。雙方第一次見面的時候，當時佐佐木正已經超過六十歲，而孫正義卻只有十九歲。

在佐佐木正的眼中，孫正義只不過是個乳臭未乾的小伙子，因此在見面之初，佐佐木正對於這次的會面並未給予太多的重視。

不過當孫正義開始介紹他的新產品時，佐佐木正立刻推翻了原先的觀感。他專注地說明，彷彿傳教士般傳遞著自己的信念，而不單純只是想要賺錢。那種認真的表情，實在太棒了。深受感動的佐佐木正決定給這個充滿熱情的年青人一次機會。

於是，他決定以四千萬日幣買下他的多國語言翻譯機。不久又委託孫正義繼續開發德語版與法語版軟體。整筆契約費用合計約一百萬美元，這是孫正義有生以來賺到的第一桶金。

後來，孫正義利用銷售多國語言翻譯機與翻譯軟體所取得的巨額權利金，在美國開設一家公司，一步步地將事業觸角延伸至國際市場。

▼千里馬仍需練跑，才能日行千里

或許，你心想如果沒有遇到佐佐木正，也許今天根本不會有軟體銀行，也不會有孫正義！少了佐佐木正，今天孫正義根本可能只是一個平凡的上班族。

但是，更多的實例也顯示，沒有任何的成功者，會是個必需讓諸葛亮費盡心力來扶持的阿斗。而每位伯樂所扮演的也並非「一路扶持、始終相依」的角色，多半只是一個使他走向某一條路的啟蒙者、一位曾經鼓勵過他的恩師、一個精神支柱，甚至是一個曾經打擊過他、說過重話的人。

堅強意志，帶來正面能量

一位當時擔任松下電器的開發部長，曾有多次和孫正義交涉的經驗，他對於孫正義經營事業的熱情，有著深刻的印象：「當時的孫正義與其說是一位青年，不如說是少年。雖然他的態度很和善，卻老是糾纏不休、很頑固。當我正忙的時候，遇到他打電話來，即使我對他講現在很忙，請他等一下再打來，他還是不理會我，繼續說個不停。我警告他我要掛電話，他仍然繼續講，我只好不等他說完就掛上電話。不到五分鐘，他又打電話來道歉，說剛才實在對不起。類似這種情形發生過好幾次。」

正是這份不達目的絕不中終的堅強意志力，為孫正義帶來正面的能量。千里馬一樣要練跑，才能日行千里。如果成功者是匹千里馬的話，那隻鞭策自己向前奔跑的鞭子，就掌握在自己手裡。

29 勇氣，面對困境的珍寶

「勇氣通往天堂，怯懦通往地獄。」

——塞內加

一個原本健康的人由於愛好登山，而失去了雙腿，往後人生該如何度過？終生坐在輪椅上，望著大山嘆息？還是捨棄恐懼，再次挑戰個人極限？來自紐西蘭的馬克，決定選擇後者。

從小喜歡登山的馬克，原本在國家公園擔任援救人員，二十二歲那年他和同伴一起登山，但是一場意外的暴風雪，將他和同伴足足在一處冰穴裡困了十四天，獲救後兩人都因嚴重凍傷，自膝蓋以下截肢。

他裝上義肢後熱心幫助傷殘人士，著書講學，跟聽眾分享經歷。他也沒有放棄運動和登山，曾獲得公元二千年雪梨殘障奧運一千公尺自行車爭先賽銀牌，並參加阿爾卑斯滑雪肢障賽。

一度他以為此生再也無法實現征服聖母峰的童年夢想。不過，自從雙腿截肢後，這個夢想依舊在心底深處不斷地呼喚著馬克。

▼登高，看見不同於別人的風景

終於他戰勝自己內心的怯懦，在睽違二十四年後再度啟程前往尼泊爾，誓言寫下用義肢征服世界第一高峰的紀錄。

在冰天雪地裡馬克靠著一雙細細的義肢，一步一步攀上聖母峰。在過程中，馬克因為凍傷，雙腳二度截肢。

但他說：「我不後悔成為登山家，我不要讓生命有遺憾，人要往前看。」馬克成為史上第一位沒有雙腿而登上聖母峰的鬥士。

敢於挑戰自己的極限，意味著人生路會走得比別人辛苦、更有風險。當然，所看到的風景也會比別人更豐富多彩。只是，踏進草叢的那一刻，你永遠不知道，落足處藏著什麼，是一條蛇？一個坑？還是一條柳暗花明的秘徑。舉步的那一剎那，就是考驗勇氣的時刻。值不值得？沒人說得準，那是專屬於自己的人生功課。

30 有時候，遭逢困境也象徵著新機會的開始

「即使遭逢逆境，仍要奮勇向前；縱然世界分崩離析，也永不氣餒」

——艾科卡

艾科卡出生在賓夕法尼亞州富裕的義大利移民家庭，取得普林斯頓大學研究所碩士學位後，進入當時世界第二大的汽車公司「福特」工作。

初期他擔任一名見習工程師，因緣際會下展開了汽車業中的傳奇生涯。但他的興趣在於銷售，艾科卡平日喜歡和人打交道，對業務行銷較有興趣，幾番努力後終於被提拔為銷售副經理。

但由於當時福特汽車銷售市況低迷，於是他大膽提出一項「給56年新車付56美元」的行銷策略，也就是說凡客戶購買一九五六年的福特新車，可先支付六十%的車款，其餘款項以月付五十六美元方式、分三年還清。這種促銷方式大大地刺激了市場需求，不到三個月，福特汽車在費城的銷售量，便從原本的敬陪末座躍升成為全美第一。

▼從地區經理到總裁之路

當艾科卡以獨到促銷手法，一舉打響福特汽車銷售業績後，獲拔擢為華盛頓區銷售經理。這是艾科卡職涯發展中非常重要的一步。

艾科卡談到當時了自己當時在福特汽車的角色說道：「前途似乎一下光明起來」在短短時間內，他在福特公司的職位步步高升，先是擔任福特公司副總裁、一段時間後又升任成為總裁。

在他擔任總裁的八年裡，艾科卡為福特公司賺進三十五億美元的利潤，創下無人可及的輝煌戰績。不過，由於和福特汽車的老闆福特二世，雙方因理念不合而心結日深，因此儘管艾科卡戰功彪炳，福特二世終於決定解除艾科卡總裁職務，年屆五十四歲的他，只得打包收拾個人物品，落寞地離開打拼三十二年的公司。

▼鑽石，即使身處黑暗中也會閃閃發亮

不過，如果是一顆會發亮的鑽石，即使隱身黑暗中也能很快地被發現。

艾科卡被迫離職的消息傳出後震驚汽車界，陸續有包括造紙公司、紐約大學商學

院等不同機構的邀約紛紛上門，但是他一一婉謝。因為艾科卡一生中唯一感興趣的只有汽車工業。然而有時候厄運也象徵著新機會的開始。

當深陷泥沼、瀕臨破產的克萊斯勒汽車公司董事長邀請艾科卡加入時，他欣然接受，並且立刻走馬上任。同時於上任後宣佈：在公司起死回生之前，自己的年薪為一美元。

於是艾科卡再度坐上總裁的位置，不過這一次他的寶座卻是安置在爛泥裡。因為克萊斯勒公司的狀況遠遠比他預期的還要糟糕。就在艾科卡上任當天，該公司宣佈，連續三季度的虧損達到了一．六億美元。這段期間艾科卡彷彿度日如年，因為當時公司的流動資金只剩下「五斗櫃上面抽屜裡藏著的零用錢！狀況就好像一個家庭銀行支票帳戶上，只剩下一塊五毛錢一般地尷尬難堪。」

艾科卡除了立即展開一連串的整頓措施外，經多方奔走終於獲美國銀行批准，給予克萊斯勒公司高達十五億美元的貸款保證，艾科卡就用這筆鉅款發展新型轎車，使得奄奄一息的克萊斯勒終於獲得一線生機。

當克萊斯勒的全新車款重新上市後，成功地逆轉原本已打趴在地的營運赤字，解救了瀕臨破產邊緣的「克萊斯勒」，成功保護了數十萬人美國員工的生計。自此，艾科卡被尊為『美國產業界英雄』。近年來，人們習慣使用「艾科卡」來比喻為：『將公司經營轉虧為盈的企業家』。

做自己生命中的艾科卡

艾科卡說：「即使遭逢逆境，仍要奮勇向前；縱然世界分崩離析，也永不氣餒。」幾乎每個人背後都有一籮筐受挫的故事，差別只在於：你是超越它，還是在它面前低頭？人生路上克服挫折，就像爬三千公尺高山登頂，路途遙遠又困難重重，隨時可能失足跌倒，但是一旦撐過去，就能感受「柳暗花明又一村」般的豁然開朗。

逆轉勝的艾科卡，如今成為能將企業由虧轉盈的代名詞，但對於身處困境中的人而言，何不成為自己生命中的艾科卡？——縱然世界分崩離析，也永不氣餒。

31 不是路已到了盡頭，而是該轉彎了

「所謂英雄，就是在巨大困境中去發現力量，而能夠堅持及努力克服的普通人」——超人．李維

苦難，能讓人沉淪，也能令人高升；挫折是人生的老師，是一所最好的學校。

當年，克里斯朵夫．李維因為成功地主演了大片《超人》而蜚聲國際影壇，可是正當他在好萊塢紅極一時、風光無限之時，一次意外卻讓他的演藝生涯戛然而止。一九九五年，在一場激烈的馬術比賽中，他意外落馬，從此成了一個永遠只能坐在輪椅上的癱瘓者。

當李維從昏迷中甦醒過來．對家人說出的第一句話便是：「讓我早日解脫吧！」此時此刻他的生命宛如從天堂墜落到地獄，無邊無盡的痛苦啃蝕著他的內心。出院後，家人為了讓李維散散心，便推著坐著輪椅上的他外出旅行。

▼找到新的乳酪才更重要

有一次，小車穿行在洛磯山脈蜿蜒曲折的盤山公路上。李維靜靜地望著窗外，發現山路彎彎、峰迴路轉，「前方轉彎」幾個大字一次次地衝擊著他的內心：原來，不是路已到了盡頭，而是該轉彎了。他恍然大悟，對著妻子大喊一聲：「我要回去，我還有路要走。」

從此，李維以輪椅代步，當起了導演。

他首次執導的影片就榮獲金球獎。李維還用牙咬筆，開始了艱難的寫作，他的第一本書「依然是我」一上世就進入暢銷書排行榜，並且獲得文學獎。同時，他還創立了一所癱瘓病人教育資源中心，並當選為全身癱瘓協會理事長。克里斯朵夫四處奔走舉辦演講會，為殘障人的福利事業籌募善款，成為一個著名的社會運動家。

美國的「時代週刊」曾以《十年來，他依然是超人》為題報導了他的事蹟。在這篇文章中，李維回顧自己的心路歷程時說：「以前，我一直以為自己只能做一位演員；沒想到今生我還能做導演、當作家，並成了一名慈善大使。原來，不幸降臨的時候，並不是路已到了盡頭；而是在提醒你：該轉彎了。」

人生有苦有樂，當遭逢不幸逆境，不要浪費時間抱怨：「誰搬走了我的乳酪」，此時此刻最重要的是要思考「為何被搬走乳酪？」，以及「如何才能找到新的乳酪？」試試看，也許轉個彎，就能找到一條新的人生大道。

32 適者生存，是自然界的不變法則

「想要有所成就，就不能害怕被拋出多數人之外；不能將無聊和無趣當作生活，要學會耐得住寂寞，並且有採取行動及承擔風險的勇氣和智慧。」

——比爾．蓋茲

有一則寓言故事：草原上獅子媽媽正在教導小獅子：「記住，要跑得快一些，才能追得上羚羊，這樣就不會餓肚子了。」；而羚羊媽媽則殷殷叮嚀小羚羊：「看見獅子一定要拼命的跑啊！這樣才不會變成獅子的早餐。」

獅子如果能追上羚羊，就能填飽肚子，但是如果牠跑不過羚羊，就只能餓死。羚羊想要活下去，只有在平時加強訓練，加快奔跑的速度，讓自己跑得更快，即使跑不過獅子，也要比其他羚羊跑得快，只有這樣才能生存。

在動物的世界裡，不論是為了填飽肚子，或是避免變成別人口中的早餐，都要努力鍛鍊自己。

事實上，在動物界或是人類社會裡，擇強汰弱、適者生存的道理均相同。生命不會一直輕鬆愉快，但是當我們能夠克服每一次的挑戰，就會變得更強壯。

33 懂得變通，生存的唯一之道

「你改變不了過去，但你可以改變現在；你想要改變環境，就必須改變自己。聰明人使自己適應世界，而愚笨者則堅持要世界適應自己。」

——唐納．川普（地產大亨）

在春秋戰國之際，孫臏初到魏國，魏王把眾臣召集到了一起，他要當面考驗一下孫臏的智謀。

魏王對孫臏說：「你有什麼辦法能夠讓我從座位上下來嗎？」

龐涓獻計說：「可在大王座位下生起火來。」魏王說！「不可取。」

孫臏說：「既然大王坐在上面，我沒有什麼辦法能夠讓大王從上面下來。不過，大王如果坐在下面，我卻有一個辦法能夠讓大王坐上去。」

只見魏王得意洋洋地說道：「那好，」說著就離開了座位，從上面走了下來，同時還說著，「我倒要看看你有什麼辦法讓我坐上去。」周圍的群臣們都還沒有反應過來，同時也哄笑著孫臏的無能。這時孫臏卻哈哈大笑起來，說：「我雖然無法讓大王坐上去。卻已經讓大王從座位上下來了。」

這時，大家才恍然大悟。對孫臏的聰明才智連連拍手稱讚。

▼你無法改變環境，但你可以改變自己

執著與變通是一個人的生活態度。哲學家說：你改變不了過去，但你可以改變現在；你想要改變環境，就必須先改變自己。文學家說：聰明人使自己適應世界，而愚

笨者則堅持要世界適應自己。我們每天面對層出不窮的矛盾和變化，是刻舟求劍以不變應萬變，還是採取靈活的變通方式因應萬變？如何做出選擇，常能顯示一個人的做人做事心態。

當你想要跨越生命中的障礙，必需先要有「放下自我執著」的智慧與勇氣，才能有所突破創新。生命不一定只有一種形式，如果環境無法改變，不妨試著改變自己，只要本質不變，你依舊是你。

為了達成目的，有時候你必須放棄你原來的樣子。很多時候我們太堅持己見，還一味的告訴自己：「以前就是這樣的啊！為什麼現在不可以？」

但是現在已經不是以前，為了達成目的，最好忘掉你現在跟從前的樣子；懂得變通，懂得順應潮流，才能找到一條生存之道。這樣，你還堅持原來的樣子嗎？

卷 7

爭氣，別人才會看得起你

人們對於自身的態度，決定了自己是怎樣的人，
也決定了自己的未來。
當別人覺得那是黑暗隧道時，
心中不滅的熱情與希望，會帶領著你走出幽暗。
永遠相信每一個美好的機會，
將保留給準備好的人。

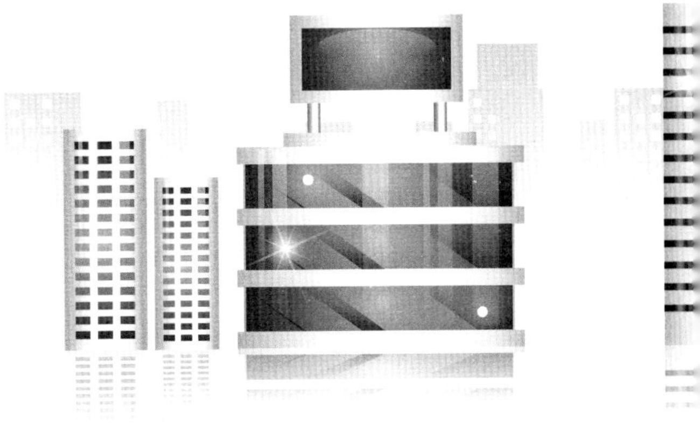

34 面對，別做膽小鬼

「人生的寬度會隨勇氣擴大或縮小；但在意志力面前，一切都得彎腰低頭。」

——高爾基

美國前第一夫人希拉蕊．柯林頓在四歲的時候，從外地搬到芝加哥郊區的派克里奇居住。剛到一個新環境，活潑好動的希拉蕊急於結交新朋友，但很快地就發現這並非一件容易的事。

每當她到外面去玩耍時，鄰居的孩子們不是嘲笑就是欺負她，有時還將她推來推去或打倒在地。於是希拉蕊總是哭著跑回家，再也不出家門了。

希拉蕊的母親靜靜地觀察了幾周後，終於有一天，當希拉蕊又一次哭著跑回家時，母親站在門口擋住了她的去路。大聲對她說：「回去勇敢地面對他們，我們家裡容不得膽小鬼。」

希拉蕊只得又硬著頭皮走出家門，這讓那些欺負她的孩子大吃一驚，他們沒料到這個小丫頭竟然這麼快又回來。最後，希拉蕊終於以自己的勇氣贏得了新朋友。在以後的歲月裡，每當遇到困難與挫折時，希拉蕊都會鼓起勇氣，大膽地迎接挑戰。

▼不退縮，就能看到不一樣的人生風景

有一群人相約去登山。他們發現山非常陡峭，當抵達某個高度時，有人往山下一瞧，幾乎嚇呆了；他們克服不了自己的恐懼，只好決定不再攀爬。其他人則有說有笑

繼續上路。然而山勢越來越陡，於是又有幾個人被嚇得動彈不得。這座山的每一路段都有人因為過不了自己的關卡，而半途而廢，只有那些堅持爬到山頂的人，才能看見最壯麗的美景。

在生命旅途中，我們會一次又一次面對各種不同的關卡。在充滿壓力的時刻，我們必須捫心自問：「我為什麼會感到害怕？我不想面對的是什麼？我為何無法再走下去？」那些爬到生命頂峰的人並非生下來就是英雄，他們只是勇於挑戰自己；而被卡在底層的人也不是失敗者，他們只是先停頓下來。

不論如何，每個人遲早都要面臨自己的關卡，我們需要更多的勇氣及信心，去克服心中的恐懼，並鼓舞自己，繼續迎接下一個關卡的挑戰。

35 從根本不可行到可行

「努力去做，做到最好，才會從零到有。我們不能得知別人有多強，但我們能掌控的是自己。」

——愛默生

導演魏德聖當初因為無意間讀了邱若龍以漫畫敘述霧社事件的《漫畫・巴萊》書籍，而引發拍攝電影的動機，為了圓夢便預先以一支五分鐘試拍片籌備資金，但因四處碰壁、募款不足而暫停。

魏德聖一度坦承，雖然早知道可能的結果，但仍然一試再試。後來他終於省悟一個早就知道，自己卻一直不願意面對的問題：「找不到錢的真正原因，跟賽德克巴萊無關，而是因為我是魏德聖、不是李安。我們害怕數字，卻永遠無法擺脫它。這樣的說法並非自怨自艾，我承認及面對了失敗的根源，於是我又恢復戰鬥力。」

▼我們害怕數字，卻永遠不能擺脫它

為了籌錢圓夢，魏德聖另尋題材，改執導電影「海角七號」，該片創下全台灣國片票房最高紀錄。魏德聖於「海角七號」大賣後，只做了三個月的富翁，就開始拍攝《賽德克．巴萊》並將賺來的錢全數投入。

《賽德克．巴萊》終於完成，從籌劃到完成費時長達十二年。

魏德聖說：「很多人都問我，為什麼能為一個夢想堅持十二年？答案真的很簡單，我覺得它能感動我，相信也能感動別人。」

學會等待，保持不變熱情與希望

人們對自身的態度，決定了自己是怎樣的人，也決定了自己的未來；對我們而言，人生也是如此。要想在人生舞台上發光發熱，必需有各種不同的機緣，但是在那些成功者的身上，我們發現了一個共同的特質：永不放棄。

當別人覺得那是黑暗隧道時，心中不滅的熱情與希望，會帶領著你走出幽暗。永遠相信，每一個美好的機會，將保留給準備好的人。

36 可以失去財富，但不能失去自我

「誰自重，誰就會得到尊重。」

——巴爾扎克

美國歌手瑪丹娜說：「很多人不敢大聲說出自己要什麼。就因為這樣，他們才得不到想要的。」你只能以自己值得的方式被對待，那你值得別人如何對待你呢？就看你怎麼看待自己，別人也會怎麼看待你，對方會從你的身上學到與你相處的模式。

原美國布朗大學校長、曾任卡內基基金會主席葛列格里安的童年十分不幸，在他六歲的時候，他的母親便因病去世，於是由祖母帶大。

她的祖母也是一個很不幸的女人。由於戰爭和疾病，她失去了所有的孩子。雖然命運對她十分不公平，但祖母並未因此失去對生活的信心。

為了讓葛列格里安從失去親人的陰影中走出來，健康快樂地成長，祖母經常教導他：「孩子，有兩件事一定要記牢。第一是命運，那是你無法控制的；第二是你的自我。你可以失去你的美麗，也可以失去你的健康和財富，但是絕不能失去自我，因為只有它可以完全掌握在你自己手中。」

▼以自己值得的方式被對待

一個性格軟弱的人，經常在日常生活不知如何拒絕別人不合理的要求，而這種沮喪的感覺，常因此造成委屈。另外，由於處處曲意迎合，也造成每當別人有不合理的事情或要求，第一個就想到找他配合，就像俗話說的「好馬被人騎」，而這種不被尊重的感受，又會再次降低自我價值感。

每一次我出國回來，都會給家人帶些小禮物，每一次舍妹都會問：「這個多少錢啊？」因為，如果禮物很貴重，那她就會保存得好一些。所以如果這個禮物取得不易，我會特別叮嚀她：這可是限量包包喔！因此，即使是很昂貴的東西，但如果對方不了解它的價值也不會好好珍惜。

明白了嗎？你必須先看重自己，重視你的價值和內心深處的感覺，別人才會重視你，珍惜你。是的，別人會怎麼對待你，最終還是取決於你。

37 決心和毅力，能讓夢想開花結果

「困難不能摧毀我，每個困難都讓步於我堅毅的決心。」

——李奧納多・達文西（藝術家）

在日本約有一萬四千家麥當勞店，全年的營收突破四十億美元大關。擁有這兩個數據的主人是一個叫藤田的企業家、日本麥當勞社名譽社長。

藤田畢業於日本早稻田大學經濟學系，畢業之後在一家大型電器公司打工。一九七〇年代美式的麥當勞漢堡剛引進日本，藤田看準了美國速食連鎖飲食文化在日本的發展潛力，一心一意想要創業加入連鎖經營。

不過當時他只是一名進入職場不久的年輕人、不僅缺乏家族資本支持，而且身上所有財產加起來也不過才一萬美元，和麥當勞總部所要求的五萬美元現款，以及一家中等規模以上銀行信用支持的條件相差甚遠。

但他下定決心要不惜一切代價在日本創立麥當勞事業，於是絞盡腦汁東挪西借。可惜事與願違，經過漫長五個月的努力也只借到二萬美元。面對巨大的資金落差，要是一般人，也許早就心灰意冷。然而，藤田不這麼想，他決定要自行尋找貴人。

在一個風和日麗的春天早晨，藤田穿上自認最體面的一套西裝，跨進住友銀行總裁辦公室的大門。藤田以極為誠懇的態度，向對方表明自己的創業計劃。當耐心聽完他的表述之後，總裁表示需要時間考慮。

藤田聽後心底掠過一絲失望，但隨即馬上鎮定下來，懇切地對總裁說：「先生可否讓我告訴你，我一萬美元存款的來歷呢？」

他接著說：「這是我六年來按月存款的結餘。有長達六年時間我堅持每個月存下三分之一的薪水從不間斷，即使生活拮据也從未改變。有時候，碰到意外事故需要額外用錢，我仍然照存不誤，甚至不惜厚著臉皮四處告貸，以增加存款。這是沒有辦法的事，我必須這樣做，因為從跨出大學校門的第一天起，我就立下宏願，要以十年為期，存夠十萬美元，然後自創事業出人頭地。現在機會來了，我一定要提早開創事業……。」

藤田鼓起勇氣，一口氣講了十分鐘，總裁越聽神情越嚴肅，並向藤田問明他存錢的那家銀行地址，然後對藤田說：「好吧，年輕人，我下午就會給你答覆。」

▼不妥協的決心，成為驅策前進動力

送走藤田後，總裁立即驅車前往那家銀行，親自瞭解藤田存錢的情況。櫃檯小姐瞭解總裁來意後說：「哦，藤田先生嗎，他可是我接觸過最有毅力、最有禮貌的一個年輕人。六年來，他真正做到了風雨無阻準時存錢的地步。老實說，這麼嚴謹的人，真是令我佩服得五體投地。」

聽完這番話後，總裁立即打了一通電話給藤田，告訴他住友銀行可以毫無條件地支援他創建麥當勞事業。

藤田欣喜之餘，忍不住追問一句：「請問，您為什麼要決定支持我呢？」

總裁說道：「你的毅力令我十分佩服，我敢保證你會很有出息的。年輕人，好好幹吧！」於是，在住友銀行的支持下，藤田的事業終得以開花結果。

既沒有富爸爸加持、口袋又缺銀兩的藤田，憑什麼一手打造出日本數一數二的速食王國？成就藤田的關鍵，是一顆決不輕易妥協的努力和決心，這份正面的能量匯聚成為一股強大磁場，驅使他一路向著目標大步前進。

38 如果有什麼事情值得去做，就得把它做好

「我不覺得自己是一位獲得成功的貧民區女孩，我覺得自己從小就知道我要對自己的人生負責，而且我必須成功。」

——歐普拉．溫芙蕾

沃爾特-克朗凱特是美國著名的電視新聞節目主持人，他從孩提時代就對新聞很感興趣。並在十四歲的時候，成為學校自辦報紙《校園新聞》的小記者。

休斯頓市一家日報社的新聞編輯弗雷德-伯尼先生，每週都會到克朗凱特所在的學校講授一個小時的新聞課程，並指導《校園新聞》報的編輯工作。有一次，克朗凱特負責採訪一篇關於學校田徑教練卡普-哈丁的文章。

由於當天有一個同學聚會，於是克朗凱特敷衍了事地寫一篇稿子交上去。第二天，弗雷德把克朗凱特單獨叫到辦公室，指著那篇文章說：「克朗凱特，這篇文章很糟糕，你沒有問他該問的問題，也沒有對他做詳盡的報導，你甚至沒有搞清楚他是做什麼的。」

接著，他又說了一句令克朗凱特終生難忘的話：「克朗凱特，你要記住一點，如果有什麼事情值得去做，就得把它做好。」

在此後七十多年的新聞職業生涯中，克朗凱特始終牢記著弗雷德先生的訓導，對新聞事業始終專心不渝。

▼一次做好一件事

你是否經常有這樣的困擾：整天忙進忙出，熬夜、加班，好不容易做完主管、客戶所交付的任務，但是完成後，不但沒有功勞，連苦勞都沒有，只剩下疲勞？

對整天忙碌的上班族來說，彷彿時間永遠不夠用，事情永遠做不完！幾個月前就知道工作完成日，卻總拖到最後一天才熬夜拼命？最慘的是，自認嘔心瀝血才完成的企畫卻丟三落四頻頻被主管打槍。

為何有人總能事半功倍，有人卻常徒勞無功？做完一堆事，遠不如「做好一件事」——心力有沒有花在刀口上？

有一位畫家，舉辦過十幾次個人展，參加過上百次畫展。無論參觀者多與否，有沒有獲獎，他的臉上總是掛著開心的微笑。

在一次朋友聚會上，一位記者問他：「你為何每天都這麼開心呢？」

他微笑著反問記者：「我為什麼要不開心呢？」

而後，他講了他兒時經歷過的一件事情：我小的時候，興趣非常廣泛，也很要強。畫畫、拉手風琴、游泳、打籃球，樣樣都學，還必須都得第一才行。這當然是不可能的。於是，我悶悶不樂，心灰意冷，學習成績一落千丈。有一次我的期中考試成績竟跌落到全班最後幾名。

父親知道後，並沒有責罵我。晚飯之後，找來一個小漏斗和玉米小種子，放在桌子上。告訴我說：「今晚，我想讓你做一個試驗。」父親讓我把雙手放在漏斗下面接著，然後拿起玉米小種子投進漏斗裡，小種子便順著漏斗漏進了我的手裡，父親投了十幾次，我的手中也就有了十幾粒小種子。

然後，父親一次抓起滿滿一把玉米粒放到漏斗裡面，玉米相互擠著，連一粒也沒有掉下來。父親意味深長地對我說：「這個漏斗代表你，假如你每天都能做好一件事，每天就會有一粒種子的收穫和快樂。可是，當你想把所有的事情都擠到一起來做，反而連一粒種子也收穫不到」。

縮小目標，設定期限就能做好事

《從A到A+》一書中，引用狐狸與刺蝟的經典寓言故事：「狐狸知道很多事情，但刺蝟只知道一件大事。」作者吉姆‧柯林斯(Jim Collins)認為，成功者多半都具備刺蝟特質，專心致力於能夠點燃他們熱情的「一件事」。

不妨嘗試著一天至少關掉電子郵件一個小時，專心處理手上最重要的事。每天固定在同一時間這麼做，習慣成自然後，就能大幅提升工作效率。你會發現，專注在最重要的事情上，不需要忙得團團轉，也能把事情做完、做好。

卷 8

不放手，直到夢想到手

實現夢想，從來就不是件簡單的事，
最後能夠實現夢想的，
往往不是最有才華的那個人，
而是堅持到最後也捨不得放棄的那個人。

39 當你盡全力，全世界都會幫你

「當你真心想做一件事情的時候，整個世界都會聯合起來替你完成！」

——鑽石大王亨利．彼得森

很多時候，夢想的「原始雛型」看起來宛如天馬行空、不可思議，甚至有些可笑，特別是當它來自於一個不相襯的人時，人們的懷疑與嘲弄，有時候會令其毀滅，但卻也可能因此造就一個偉大的夢想得以付諸實現。

▼皮爾·卡登的苦澀青春

出生於義大利威尼斯近郊一戶貧苦農家的皮爾·卡登，為了躲避戰火，他的父親只得帶著全家人移居到法國，全家人就此定居下來。老皮爾每天騎馬上山採集冰塊，然後再運到城裡賣給有錢人家，掙幾個小錢，勉強維持全家的生計。

皮爾·卡登小時候非常喜歡舞蹈，一心一意夢想著有朝一日能成為一名出色的舞蹈家。不過由於家境貧寒，當他十四歲輟學時，父母親不得不將他送到一家縫紉店當學徒。

皮爾為此感到苦惱不已。有一天他突然想起了從小就崇拜、有「芭蕾音樂之父」美譽的布德里。於是決定給布德里寫一封信，在信的最後，他頑皮地寫著，如果布德里不肯收他為徒，就只好為藝術獻身而跳河自盡……。

很快地，皮爾收到了回信，他一心以為布德里一定深受感動而答應他的請求，可是布德里並沒有提到收他做學生的事，只是在信中談及自己的人生經歷。

布德里說，他小時候其實很想成為一名科學家，但是由於家境貧窮而無法上學，於是只得跟著一名街頭藝人四處流浪賣唱謀生……最後他說：人生在世，現實與理想之間有著一定的距離，當面對二者之間的抉擇時，任何人都必需以生存做為首要考量，一個連自己的生命都不珍惜的人，根本不配談藝術……。

摸索中終於看見曙光

布德里的回信讓皮爾如夢初醒。十七歲那年，一心嚮往巴黎的皮爾，決心離家追尋夢想，他騎著一輛破舊的自行車前往巴黎，找尋從事服裝行業的機會。

儘管懷抱著遠大的夢想，但是初到巴黎的皮爾．卡登卻四處碰壁。有一天他獨自在一家小酒吧喝悶酒，一位氣質高雅的婦人向他走來。她是位伯爵夫人、原籍巴黎，由於受到皮爾．卡登一身時髦的衣著所吸引，便主動與他攀談。

她問他：「你身上的衣服從哪兒買的？」

「都是我自己做的。」

高貴的伯爵夫人對他說：「孩子，努力吧！有一天你一定會成為百萬富翁！」說完，便把她的好友、巴黎帕坎女時裝店經理的姓名和住址寫給了他。

在一個風雨交加的夜晚，皮爾．卡登手裡緊緊握著伯爵夫人給他的小紙條，他找到了帕坎女時裝店。這家時裝店在巴黎很有名氣，專門為一些大劇院設計和縫製戲裝。時裝店老闆親自對他進行面試。皮爾．卡登精湛的手藝征服了他，當即被留下。

▼躍身成為時尚美麗的代名詞

不久，幸運女神又再度眷顧了皮爾．卡登，他有機會為一部著名影片《美女與野獸》設計服裝。皮爾．卡登為角色所設計的刺繡絲絨裝一戰成名，於是巴黎服裝界受人矚目的一顆新星開始閃閃發亮。

一九五〇年皮爾終於開設自己的時裝公司，三十三歲那年春天，在租來的簡陋小屋裡，他第一次推出自己的女裝設計，一上市便立刻轟動巴黎時裝界。

至今「皮爾．卡登pierre cardin」的名號已縱橫全球時尚界達數十年之久，成為世界上最具知名度的品牌之一，上千份授權合約使用這個名字，在世界五大洲的八十個國家，有八百多家工廠依照皮爾·卡登的設計，製作的產品包括有服裝、食品、皮鞋、磁磚、彩妝、保養品等，年營業額已超過一百億法郎，其個人總資產值達十億美元以上。

當年，一個勇於追逐夢想的小男孩，如今他的姓名、以及他所製作出來的各項產品，已經成為全球時尚仕女們心目中的美麗標的。

原來，在這個備受全球仕女愛戴的時尚品牌背後，隱藏著一個貧窮移民之子勇敢追求夢想的故事。

▼彎下腰，夢想更踏實

什麼是夢想？夢想是個看起來人人都有，但是一不小心，就又沒有的東西。

不論古今中外，都覺得夢想只屬於年輕人，而且只要一旦長大成人，「夢」的部份就愈來愈大，「想」的部份愈來愈小。有些人夢想很多，但始終不清楚自己內心最深層的想法是什麼；還有人有想法沒做法，想要到那裡，卻一直在這裡。

想要實踐夢想，一定要很清楚你要實現什麼？重點是還要把夢想與行動劃上等號，努力追求，勇敢去做。

實現夢想，從來就不是件簡單的事，你必須有勇氣、膽識，為它流淚、流汗、甚至流血。即使你才華洋溢，但該走的路，一條都不能省略。最後能夠實現夢想的，往往不是最有才華的那個人，而是堅持到最後也捨不得放棄的那個人。

40 每向前一步，就距離目標近一些

「永遠不要跟別人比幸運，我從來沒想過我比別人幸運，但我也許比他們更有毅力，在最困難的時候，當他們熬不住了，我可以多熬一秒鐘、兩秒鐘。」

——阿里巴巴創辦人．馬雲

一位公司總裁靠著挨門挨戶賣鍋起家。

第一天，他被拒絕了四十次，也就是他敲門四十多次才做成了一筆生意，日後當他發跡，卻永遠忘不掉那位買鍋婦女的面孔：從懷疑、有興趣到買下。多年來，無論遭遇什麼挫折，他總是回憶那張使他成功的面孔，猶如他的護身法寶。

這件事充份證明：一個人什麼都可以被剝奪，除了一件事情例外：自由選擇身處逆境的心情。

相似的選擇在等待我們。你可以用悲觀去看這個世界，同樣也可以堅信，世事多變、好事多磨。我們常說失敗是成功之母，但如果不能從失敗中悟出點什麼，就永遠也不可能成功。挫折、逆境有沒有價值，取決於我們自己。

每當我們在生活中遭遇困難或逆境時，何妨放下生氣、惱怒心情，告訴自己：「在困難的另一邊，一定會有一條不一樣的出路。」

每個人都有潛力，你是否瞭解自己究竟有多堅強呢？

無論是順境或逆境，不妨平常心對待，因為它終將過去，而新的一天就要來臨。人們總是容易活在過去的陰影中，而忽略了眼前的陽光。人生不可能一路順暢無阻，當遭逢無法挽回的事情，與其一直活在陰影中，倒不如往前一步，只要一步，就能找到陽光，重新開始。

41 最好的出路就是向前走完全程

「人生要能有所成就，往往不在於力量大小，而在於能堅持多久。」

——美國詩人羅伯特．弗羅斯特

擁有「強烈信念」幾乎是成功人士的共同點，王永慶堅守刻苦耐勞、秉持著一支草一點露的精神；在炒風日熾的大環境下，台積電董事長張忠謀不炒地產、不炒股票，不向「營業外收入」妥協；ABS產量居世界第一的奇美公司，是負責人許文龍在堅信ABS「便宜、用途廣」的理念下熬出來的「金牌」。

大多數成功者達陣的秘訣在於誰能「堅持到底、不退縮」。

稱霸自行車世界市場的巨大，曾熬過三年沒有訂單的歲月；太平洋房屋仲介公司之所以成為最熱門行業的佼佼者，幸虧靠著總經理向董事長力爭「再給半年時間努力看看」才終於起死回生。

▼意志力比成績更重要

身為超級馬拉松的世界冠軍，林義傑從小就決定要把「跑步」當作自己一生的志業。國中一畢業，他就背著大大的行李袋，跑到一所以培育田徑選手而著名的高中，表達想要加入田徑隊的決心。

身材瘦小的林義傑被一而再、再而三的質疑，但不放棄的他終於得到學校認可。完成學業後，開始參加國際上各種大小比賽，無論是跑極地荒漠、亞馬遜叢林、南極冰原……，個頭瘦小的林義傑常常都是不被看好的「肉腳」，但等到比賽一開始，「台灣之腳」超人的耐力卻一股腦超越原本領先的對手，讓對手們從原本的毫不在意態度，到最後變成景仰，甚至崇拜。

「我認為堅持到底的意志力，它比成績更重要。」勇敢追夢的林義傑，用馬拉松成就不一樣的人生。

42 記住你想要的，而不是你所恐懼的

「面對光明，陰影就在我們身後」——海倫凱勒

人生求勝秘訣，只有失敗過的人才知道；記住你所想要的，而不是你所恐懼的。

▼暫時的失敗並不能代表永遠一事無成

中國最大的商務網站阿里巴巴，成功上市後一口氣造就了上千位千萬富翁，當年跟著創辦人馬雲艱苦拼鬥的夥伴們，獲得了超乎想像的回報。創辦人馬雲在

發表會上公開自己的創業基本精神是：夢想、激情和負責

他告訴華爾街的投資人，為什麼自己能在殘酷的生存競爭中活下來：一、沒有錢。二、沒有技術。三、像傻瓜一樣的努力不懈。但是僅存的夢想、激情和負責，終究支持著馬雲殺出一條生路。

但在創業初期，馬雲給他們的允諾是：「一天做十二個小時的苦活、不到兩千元的低工資、苦難、屈辱和不被理解」。

談到這段艱辛的來時路，馬雲說：「世界上本來就不存在真正的失敗與成功。有的人失敗了，總能看到未來的希望，而有的人卻倒在失敗的陰影裡，再也沒有起來。挫折、失敗往往離成功只有一步之遙。

成功，比別人再多堅持一秒鐘

暫時的失敗並不能代表永遠一事無成，一時的成功也不代表能一直飛黃騰達。失敗，可以改變一個人的命運，從頭再來未必是壞事，至於成功，也未必是最終結果，

越困難的時候，越要往前。在最困難的時候，當別人堅持不住了，你只要再多熬一秒鐘、兩秒鐘，熬過了之後路就開了。永遠不要跟別人比幸運，我從來沒想過我比別人幸運。」

馬雲說：在漫長人生路上，請務必記住，今天很殘酷，明天更殘酷，後天很美好，但絕大部分人死在明天晚上，看不到後天的太陽。只要能熬過最艱難的黑暗，你就有可能看到曙光。」

43 儘管向著目標前進，就對了

「「我們的許多夢想一開始看似不可能實現，接著變得不大可能實現。然後，在下定決心後，它們就有機會夢想成真。」

——超人・李維（演員）」

究竟夢想的力量有多大？關鍵在於你自己。

▼「我的志願」催生夢想成真

詢問「長大之後要做什麼？」對於一個小孩而言，這是個既簡單又困難的問題。

很多時候當從小衣食無虞的小朋友被問及這個問題時，大多一臉茫然的回答：「我要去問媽媽。」

美國某個小學的作文課上，老師給小朋友的作文題目是：「我的志願」。

這個問題對其中一位小學生而言，卻一點也不難。他飛快地在自己的作文本上寫下自己的夢想。他希望自己將來能擁有一座自己的專有度假小島，在島上植滿如茵綠草。小島中有無數的遊樂設施，以及一座五星級休閒旅館。除了自己住在那兒外，還可以和前來參觀的遊客分享自己的海島，有住處供他們歇息。

寫好的作文送到老師那兒，但是這位小朋友的作文本發回到他手上，老師要求重寫。小朋友仔細看了看自己所寫的內容，並無錯誤，便拿著作文本去請教老師。

老師告訴他：「我要你們寫下自己實際的志願，而不是天馬行空般的空想，你知道嗎？你可以說，希望成為一名醫生、律師、會計師……都可以啊，不過要建立一個天堂般的度假小島，似乎有點遙遠呢？！」

小朋友據理力爭：可是，老師這真的是我的夢想啊。老師也堅持：不，那不可能實現，那只是一堆空想，我要你重寫。

小朋友不肯妥協：我很清楚，這才是我真正想要的。

夢想猶如引路的指南針

多年後，這位老師受邀帶著一群小學生到一處風景優美的度假小島旅行。在盡情享受美食、舒適的住宿以及天堂般的遊樂設施之餘，他看著一名中年人向他走來，並自稱曾是他的學生。

這位中年人告訴他的老師，自己正是當年那個被要求作文重寫的小學生。但如今，他擁有這座宛如天堂般的遊樂小島，真的實現了兒時夢想。

老師望著眼前這位島主，想到自己多年來的教師生涯，由於一時的主觀想法，不知道用成績改掉了多少學生的夢想？！而當年的那個小朋友，卻用實際行動讓夢想成真。

小時候我們都寫過這樣的作文——我的志願。現在想想當時所寫的內容似乎真的很幼稚，可是夢想有時候卻像是指南針，它會帶領著你到達想要去的地方。

44 只要動手去做，事情就會好起來

「只要我們動手去做，事情就會好起來。」

——IKEA創辦人英格瓦．坎普拉

當十七歲的坎普拉要到哥德堡上學前夕。在臨走之前，他突發奇想地想開一家公司，不過依據當時瑞典的法律規定，成立公司者必須年滿十八歲，否則必須有人願意提供擔保。坎普拉不顧家人讓他再等一等的勸告，決心向叔叔求助，於是他騎著自行車到叔叔的家裡。

▼廚房裡誕生的宜家

叔叔並沒有認為他的舉止可笑，也沒有嘲笑他癡心妄想，而是停下手中的工作，認真地問他：「孩子，你仔細說說看，究竟想經營一家什麼樣的公司？」

當坎普拉將心中的計畫全部講一遍後，叔叔請他先在客廳裡坐著，等煮完咖啡就幫他申請。

不過，坎普拉卻一刻也無法等待，一定要叔叔在廚房裡，伴著咖啡的香味簽下同意書，隨後立刻將文件連同一張十克朗的鈔票一起寄出。雖然整個過程只用了極短的時間，卻令坎普拉終生難忘。因為那份申請書代表了一個十七歲少年的夢想，和一個長輩的真摯祝福。

於是，宜家就在這溫馨午後的廚房中誕生了。

▼信任與支持，讓IKEA走向全世界

事實上，坎普拉的叔叔坎里克，便曾因為奶奶的拒絕而放棄了自己夢想。當時年輕的坎里克很想離開家鄉到外面闖盪，但是遭到了奶奶的否決，理由是：「你得留在家裡」。同樣被留在家裡的，還有坎普拉的父親。

因此，我們可以理解，何以當年輕的坎普拉帶著熱切眼神坐在叔叔面前時，坎里克願意大方地伸出擁抱的雙手，支持年方十七歲的坎普拉勇敢追求自己夢想。

在叔叔的幫助下，坎普拉以書面向有關部門申請成立一家店鋪。在這次申請文件

中，他第一次用了「IKEA」(即現在的宜家)的字樣。而這幾個字的含義僅僅是他的名字英格瓦．坎普拉與他所成長的農場和村莊縮寫。

起初，宜家僅銷售鋼筆、皮夾子、畫框、手錶、珠寶以及尼龍襪等。可以說只要是能夠想得到的低廉價格產品，坎普拉都將其放入營運項目中。而對於這個年僅十七歲孩子所開設的「公司」，可想而知當時並未有人在意。只是把它當成一個孩子的小玩意罷了，不過出乎所有人意料的是，如今宜家在全球超過三十多個國家，擁有將近三百家分店，員工近五萬人，每年營業額達六．二五兆美金，為國際知名的跨國家居用品企業。

此外，宜家商品目錄每年的印刷量高達一億本，收錄了大約一萬二千件商品，是除了《聖經》之外，散佈最廣的印刷品。

▼打破框架，就能轉變不可能成真

坎普拉最愛說的一句話是：「只要我們動手去做，事情就會好起來。」

很多時候，人們總是習慣把自己成長的模式與框架「套用」在別人身上，認為以「我的經驗來看」這「根本是件不可行」的事。然而這份主觀與武斷卻常可能因此無情地扼殺一個初萌芽的創意。

這個世界定義太多的「標準」，很多人從小到大受限於諸多框架，這些似是而非的規則卻讓人綁手綁腳。人人生而不同，不是所有人都應該走在主流之路。跳脫需要勇氣、改變需要決心，有時候想太多不如做做看，不做又怎會知道自己行不行呢？

45 執行力，成功的關鍵

「三流的點子加一流的執行力，永遠比一流的點子加三流的執行力更好。」

——日本軟銀公司董事長．孫正義

林肯說：「噴泉的高度不會超過它的源頭。同樣地，個人的事業也是如此，他的成就絕不會超過自己的信念。」

生下來就一貧如洗的林肯，終其一生都在面對挫敗。他十歲喪母，僅受過十八個月的非正規教育。想讀法學院又無法如願，靠著勤奮的自學而成為律師。

他年輕時代的生活也不順遂，曾經十一次被僱主辭退，兩次經商失敗。又曾因失去所愛，幾近於精神崩潰；至於從政之路更是一路跌跌撞撞，屢仆屢起。

好多次，他本可以放棄，但他並沒有如此。

當林肯於一八五八年再度競選參議員落敗時，他曾說過這麼一句話：「人生道路艱辛而泥濘。我一隻腳滑了一下，另一隻腳也因而站不穩；但我緩口氣，告訴自己，這不過是滑了一跤，並不是死去而爬不起來。」他堅信上天的延遲，並不代表上天的拒絕，因此屢仆屢起，最終成就不凡。

一八六〇年，林肯捲土重來競選總統，美國人最後仍然用選票把這位奮鬥不懈的理想主義者，送上了白宮總統的寶座，成為美國歷史上最受人愛戴的總統之一。

成功和失敗在同一軌跡上，它們宛如是一對孿生兄弟，總是相伴而生。人的一生成敗與否，關鍵在於有無足夠的信心與毅力。

▼關鍵的執行力

林肯談到幼年的一段經歷說：「我父親在西雅圖有一處農場，上面有許多石頭。正因如此，父親才得以較低價格買下它。

有一天，母親建議把上面的石頭搬走。父親說如果可以搬走的話，主人就不會賣給我們了，它們是一座座小山頭，都與大山連著。

有一年，父親去城裡買馬，母親帶我們在農場勞動。母親說，讓我們把這些礙事的東西搬走，好嗎？於是我們開始挖起那一塊塊石頭，過不了多久，就把它們弄走了，因為它們並非父親的想像的山頭，而只是一塊塊孤零零的石塊，只要往下挖一英尺，就可以將其搬動移開。」

有些事情人們之所以不去做，因為他們認為不可能完成，所以不願嘗試就輕易放棄。而很多的不可能，其實只存在於人們的想像之中。

成功，靠的是熱情

人生中有許多困難，往往是心裡想像出來的。不論任何事情，都不可能一帆風順，只有實際去做，才有成功的機會。

成功的人樂於尋求解決困難的方法，至於失敗的人則老是為自己找藉口。當我們為自己的失敗尋找藉口時，雖然可以求得一時心安，卻也同時失去再起的機會。

失敗，輸的是拖延與藉口

所謂沒辦法，就是還沒想到解決的辦法。成功，靠的是熱情、積極與一再嘗試；失敗，輸的是無限期的拖延與藉口。

在人的一生中，總難免有時會走到「山窮水盡疑無路」的困窘絕境，不過它的下一句詩詞，卻也十足鼓舞振奮人心：「柳暗花明又一村」。但如果在路的盡頭，缺乏立刻轉彎繼續前行的激情勇氣，那麼屬於你的新天地，也將無法重新展開。

因此，在人生的轉彎處，面對困境、別人的嘲諷時，何妨就讓那些流言蜚語隨風而去，正如但丁所說：「走自己的路，其他的就讓人家去說吧！」

國家圖書館出版品預行編目資料

人生不氣餒——45個關鍵自信力，決定你的成功拼圖／譚之平　作
--臺北市；墨客文化, 2013.12
面；公分, -- (生活成長；2)
ISBN 978-986-89642-2-8 (平裝)
1.自我肯定 2.自信
177.2　　102025838

人生不氣餒
—45個關鍵自信力，決定你的成功拼圖

生活成長02

作　者　譚之平
主　編　簡淑玲
執行編輯　蕭又斌
責任編輯　黃昭儀
校　對　梁碧雲；鄧淑霞
封面設計　黃聖文
內頁排版　菩薩蠻數位文化有限公司

出　版　墨客文化有限公司
台北市內湖區洲子街181號2樓
電話：(02)2659-4952
傳真：(02)2658-8307
讀者服務　E-mail：sun.books@msa.hinet.net

經銷商　成陽出版股份有限公司
(33051)桃園市春日路1492-8號4樓
電話：(03)3589-000
傳真：(03)3556-521
印　製　台欣彩色印刷製版股份有限公司
本版發行　2014年1月
定　價　NT$280
ISBN　978-986-89642-2-8

墨客
文化

墨客
文化